le Grand Almanach des Charentes

2022

Pierre Dumousseau

La Geste

Janvier 2022

Premier mois de l'année instauré par le calendrier grégorien au XVIe siècle, le nom de janvier vient du latin *januarius*, du dieu romain Janus. Dieu gardien des portes, Janus présente deux visages, l'un tourné vers le passé, l'autre vers l'avenir, symbolisant aujourd'hui le passage d'une année écoulée à une année nouvelle. Janvier correspond à pluviôse (mois de la pluie) dans le calendrier républicain.

Mes notes

Mes notes

PROLOGUE

Bis repetita…

En prologue de l'almanach 2021, j'avais écrit un petit paragraphe de présentation ; les choses n'ayant guère changé (au niveau de l'inspiration), je me permets de remettre le même couvert :

« Avant de coumencer, o faut bin que jhe vous dise de vour qu'al' venant mes histoéres et mes menteries.

Quand jh'étis drôle, dans lés années cinquante, jh'avais un père et un grand-père qu'étiant selliers-bourreliers à Villefagnan (un des hauts lieux de la culture en Charente !). I' teniant boutique eu pllein mitan de la Grand Rue… et, coume dit moun' émi Bilout' de l'île d'Oléron en parlant des barges ostréicoles : « À Villefagnan, les rues sont tellement larges, qu'on sait pas dans quel sens est la longueur ! »

Alors, quand o mouillait, o y'avait deux endrets peur le rendez-vous dés pésans : chez le coiffeur et chez le bourrelier (o y'avait bin le maréchal-ferrant étou, mais o fasait trop de brut quand i' cougnait su' soun' encllume, et les visiteurs peuviant pas entend' leu sottises).

Coume mon père était déjhà un bon conteur, et mon grand-père un grand menteur, les séance à la boutique se jouiiant presque teurjhou « à guichets fermés ». Moé, tout p'tiot drôle, jhe me sacquais dans n'un coin et jh'épongheais tout ça dans ma jheune cervelle. Jhe compeurnais point tout (o valait p't'êt' mieux !), mais jh'enreghistrais… et asteure, jhe restitue tant bien que mal, tout ce que thiés mouments authentiques m'ont apporté. O l'est pas pu complliqué que ça !

NB – Ces anecdotes « charentaises » ont été puisées (comme il est mentionné ci-dessus) dans mes souvenirs d'enfance – ou d'âge adulte –, ou bien inspirées de contes anonymes recueillis par Jean-Claude Carrière (« Le Cercle des Menteurs » 1998), ou d'anecdotes recueillies par Charles Dessaint (« Contes ed Fleurimond Long Minton » 1997) traduites du picard au charentais.

La plupart des histoires ont été publiées dans mes ouvrages précédents : « Avant qu'o se perde » (Croît Vif 2005) ou « Tous contes faits » (Croît Vif 2010). Elles ont été ré-écrites et partiellement modifiées pour cet almanach.

Ont également été sources d'inspiration pour ce deuxième opus : les dessins de Barthélémy Gautier et de Jean-Claude Lucazeau, ainsi que quelques « Brèves de comptoir » de Jean-Marie Gourio. Merci à tous ces esprits universels.

Pierre Dumousseau.

· DICTON · *Jour de l'an beau, mois d'août très chaud.*

Antoine Jutard, agriculteur à Vindelle (16), avait stationné sa 202 Peugeot sur le parking de la gare d'Angoulême. Son boutillon garni sous le bras, il s'était rendu sur le quai numéro deux, afin de prendre l'express Bordeaux-Paris qui l'emmènerait jusqu'en gare de Poitiers. C'était dans les temps pré-TGV ; Antoine s'était installé dans un compartiment où se trouvait déjà une passagère « entre deux âges » lisant son magazine Nous Deux.

Le boutillon posé sur ses genoux contenait quelques provisions : conserves de goraille, bocal de prunes, confitures « maison », bouteilles de Colombard de sa vigne et une bouteille de vieux pineau, le tout destiné à sa fille, Mireille, étudiante à Poitiers.

Antoine couvait son boutillon comme une poule son premier œuf. Juste avant que l'express ne redémarre, un jeune homme était entré dans le compartiment et s'était assis en face d'Antoine.

Dix minutes s'écoulent, le jeune homme se penche vers Antoine et, fort poliment, demande :

« Pardon Monsieur, est-ce que vous auriez l'heure, s'il vous plaît ?

Antoine le dévisage et répond d'une voix neutre :

– Oh, jhe counais les houmes, voéyez-vous... jhe counais les houmes.

Le jeune homme pense alors que son vis-à-vis a mal entendu ; il réitère sa question, un ton au-dessus : -Pardon Monsieur, auriez-vous l'heure, s'il vous plaît ? Et Antoine, du même ton :

– Oh, jhe counais les houmes, voéyez-vous... jhe counais les houmes. »

Le jeune homme, pensant que le passager se payait vraiment sa tête, se lève, vexé, et quitte le compartiment, la colère au ventre, en faisant violemment claquer la porte coulissante derrière lui.

C'est alors que la dame, témoin de l'incident, lève les yeux de son magazine et dit à Antoine :

« Excusez-moi Monsieur, mais il me semble qu'il y a eu un léger malentendu : ce jeune homme qui vient de partir vous demandait simplement l'heure qu'il est.

– Jhe sais Madame, jhe sais ; mais jhe counais les houmes, voéyez-vous, jhe counais les houmes... passque Madame, si jh'y avais douné l'heure, i' m'aurait dit marci ; jh'y aurais répondu y'a pas d'quoué ; i l'aurait entamé la conversation ; jh'y aurais participé ; i' s'rait p'têt' descendu coume moé en gare de Potiers ; i' m'aurait invité à boère un verre au buffet de la gare ; jh'y en aurais payé un aut' ; i' m'aurait proposé de m'aider à porter mon boutillon jhusque chez ma drôlesse ; jhe l'aurais invité à entrer ; i' l'aurait vu ma drôlesse ; belle coume elle est, i' l'en serait tombé amoureux ; i l'y aurait fait des avances ; al'y aurait répondu ; i' se seriant fréquentés ; i' z'auriant p'têt' mis la charrue avant les beus ; jh'aurions été oblighés de les marier ; jh'aurions fait ine grousse noce, avec un bon repas ; coume jhe me counais, jh'aurais trop manghé et trop bu ; jh'aurais pris ma voéture ; jh'aurais eu un accident ; jhe me s'rais p'têt' tué ; i m'auriant enterré... un enterrement minablle, avec un misérablle çarcueil en boés bianc... vous pensez, avec un ghendre qu'a même pas les moéyens de se payer ine montre !!! »

(D'après un conte juif d'Europe centrale)

lever 08 h 42
coucher 17 h 23, + 1

samedi 1er

JOUR DE L'AN

lever 08 h 42
coucher 17 h 24, + 1

dimanche 2

Basile

SEMAINE 52

janvier 2022

· DICTON · *Sécheresse de janvier, Richesse de fermier.*

Roger Lucazeau, ouvrier maçon à Soubran (17), avait développé un orgelet à l'oeil gauche, suite à une intrusion de poussière de ciment. Sa femme, Lucienne, avait téléphoné au docteur de Mirambeau ; ce dernier étant accaparé par une épidémie de gastro, lui avait conseillé, en attendant sa visite, de dire à Roger de se nettoyer l'oeil avec un peu d'alcool.

En fait d'alcool, Lucienne et Roger ne possédaient que la gnôle du grand-père, à forts relents de fiente de poules et de marc frelaté ! C'est donc avec ça que Roger entreprit de se faire des « bains d'oeil » à l'aide d'un petit verre à dégustation.

Trois jours plus tard, le médecin parvient enfin à rendre visite à Roger : l'orgelet avait empiré ; surprise du praticien :

« As-tu suivi mes conseils, en te désinfectant l'oeil avec de l'alcool ?

– Ah Docteur, jh'ai bin essayé avec l'eau de vie de peurnes du grand-père... mais ma main a jhamais pu monter pu haut que ma goule, si bin que moun' œil en a jhamais vu la couleur ! »

La vieille Marie, que tout le monde à Gourville (16) appelait « la Marie-beurdasse », gardait son unique chèvre qu'elle sortait chaque fin d'après-midi pour lui laisser le loisir de brouter les palisses et les bas-côtés des chemins de campagne.

Un jour Marie était assise en haut d'un talus bordant la voix ferrée qui autrefois reliait Ruffec à Angoulême ; elle surveillait d'un œil Sophie (c'était le nom de sa chèvre blanche) et de l'autre le bon alignement des points du tricot qu'elle avait entrepris.

Soudain, surgissant d'on ne sait où, un ramasseur de cagouilles vient à passer par là. Il s'arrête :

« Tiens, la Marie. Bonsoèr ; dis-don, tu saurais pas l'heure qu'o peut-être par hasard ; jh'ai oublié de prend' ma montre.

Marie abandonne son tricot, soulève d'une main le pis gonflé de Sophie, plisse les yeux, observe longuement avec ce qui semble être une profonde concentration... et déclare :

– Ol'est six heures et quart passées, mon gâs... bintout six heures vingt.

Le ramasseur de cagouilles en reste tout ébahi :

– Mais coument voés-tu ça, Marie ? O l'est le poids du pis à ta cheubre qui te zou dit ?

– Oh non, o peuse teurjhou à peu près pareil...

– Ah... O l'est sa couleur, alors qui changhe avec l'heure ?

– Oh non, o changhe pas non pllus.

– Alors jhe comprends pas.

– O l'est peurtant aisé à comprendre : jhe soulève le pis de ma cheubre, et jh'arrive à lire l'heure su le cadran de l'horloghe de l'égllise de Marcillac, là-bas darrière ! »

lever 08 h 42
coucher 17 h 25, + 1

lundi 3

Geneviève

lever 08 h 42
coucher 17 h 26, + 1

mardi 4

Odilon

lever 08 h 42
coucher 17 h 27, + 1

mercredi 5

Édouard

lever 08 h 41
coucher 17 h 28, + 1

jeudi 6

ÉPIPHANIE
Mélaine

· DICTON · *S'il gèle à la Saint-Raymond, l'hiver sera encore long.*

La charcutière de Saint-Savinien – celle du haut du bourg – avait un tic de langage qui agaçait François Delumeau au plus haut point : elle ne pouvait s'empêcher de demander, après chaque achat effectué : « Et avec ça ?... Et avec ça ?... Et avec ça ?...
Un matin, François, excédé, ne put s'empêcher de répliquer :
– Eh bin, avec ça, jhe m'en vas pouvoér casser la croûte ! »

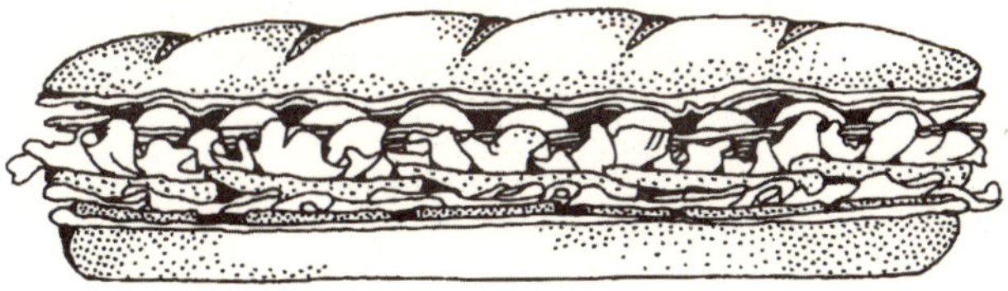

La mère Jadeau de Chadeniers vendait ses œufs chaque semaine sur le marché de Gémozac. Elle était très fière de ses poules pondeuses... de la « Barbezieux »... qui produisaient, selon elle, les meilleurs œufs de la région, et surtout les plus gros.

Un matin de marché, une parisienne de passage remarqua :
« C'est pourtant vrai qu'ils sont gros, vos œufs, Madame Jadeau ; nous n'en n'avons pas de semblables à Paris.
– O m'étoune pas, répondit la fermière ; vous voéyez, Madame, eh bin des eus de même, o l'en faut pas mé de dix peur fére une douzaine ! »

« Dans la famille de mon père, disait Camille Artaud, i z'étiant quatre ; o y'avait que des gâs ; eh bin, les prénoms coumenciant tous peur « A » : o y'avait Arnest, o y'avait Arvé ; o y'avait Arcule*... mais o y'avait que le prénom de mon pauv' défunt oncle Auguste qui coumençait peur un « O » ! »

*(comprendre Ernest, Hervé et Hercule écrits en phonétique saintongeaise)

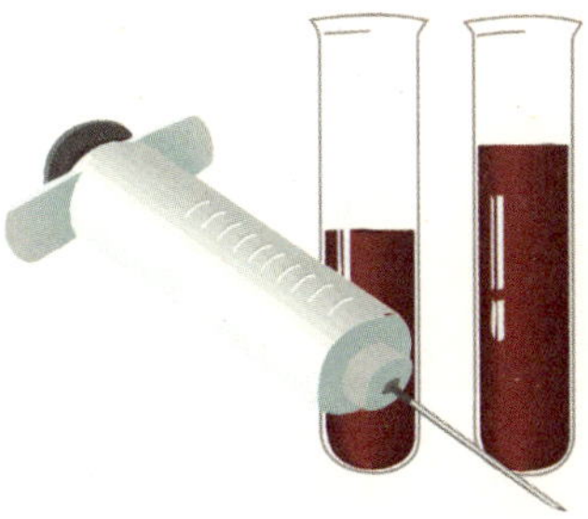

Une collecte de sang avait été organisée à Loulay. Paulo Gendron sortait de la salle polyvalente où il avait donné son sang et mangé son sandwich accompagné d'un coup de rouge. Il croise son voisin Jean-Marie, de Saint-Martial :
« Est-ou que tu vins douner ton sang, Jhean-Marie ?
– Eh non ; i' n'en voulant pas passque jh'ai fait un voéyaghe en Afrique o y'a moins de deux mois. Mais jhe vins signer un papier peur douner mon corps à la science.
– Fan d'yarce ! Est-ou que tu crés que t'auras droét à un banquet à la piace dau casse-croûte ? Remarque, en proportion, tu zou mériterais ! »

vendredi 7	samedi 8	dimanche 9	SEMAINE 1
lever 08 h 41, coucher 17 h 29, + 1	lever 08 h 41, coucher 17 h 31, + 2	lever 08 h 40, coucher 17 h 32, + 2	**janvier 2022**
Raymond	Lucien	Alix	

· DICTON · *Janvier sec et sage est un bon présage.*

Le père Lucas était pêcheur d'estuaire. Sa canote était amarrée à un ponton du chenal de Talmont-sur-Gironde. Le père Lucas avait quatre fils qu'il avait élevés pratiquement seul, sa femme étant partie juste après la naissance du dernier. Ces quatre garçons étaient totalement différents.

L'aîné, le «Grand Louis», n'avait jamais voulu apprendre le métier de pêcheur... pas assez lucratif à son goût. Louis ne pensait qu'argent, placements, rapport, bénéfices, fortune.

Le second, le «Gros Pierre», n'avait pas voulu non plus apprendre le métier, car le «régime poisson» n'était pas sa tasse de thé. Pierre ne pensait que nourriture, bonne chère, mangeaille, banquets, festins.

Le troisième, le «Beau Jean», était sans aucun doute le «mieux venu» de la couvée: toutes les femmes, et de tous âges, se pâmaient dès qu'il paraissait quelque part. Louis ne rêvait que flirts, rencontres, accouplements, romances... or, en ces temps-là la navigation était peu ouverte à la main d'oeuvre féminine; lui non plus n'avait donc voulu apprendre le métier du père.

Quant au quatrième fils, le «P'tit Jacquot», il n'avait jamais «pu» apprendre le métier; c'était une sorte d'avorton, un peu demeuré, avec un coefficient intellectuel situé à mi-chemin entre celui de la moule et celui du petoncle! Qui plus est, Jacquot était incapable de prendre une décision sans demander l'avis de ses frères; même pour les choses les plus simples:

«Q»é't-ou que tu voudrais coume cadeau peur la Nau, Jhacqot?

— Ah bin, jhe voudrais... euh...ooh... aah... Ah jhe demandrai à mes frères de choisi' peur moé.»

En dépit de leurs blagues et de leurs moqueries, ses frères lui étaient, pour vivre, aussi indispensables que le boire et le manger.

Un jour le père Lucas fut victime d'une attaque vicieuse par un virus inconnu... Sentant qu'il devrait bientôt rendre ses comptes à «plus haut», il appela ses quatre fils à son chevet:

«Vous ferez incinérer mon corps; vous mettrez les cendres dans une boéte et pis vous embarquerez dans ma canote... et vous irez jhusq'en pienne mer, bin après Chassiron, et là, vous jhitterez les cendres dans l'éve...» Lucas ne put en dire plus; le message était passé juste à temps.

Alors les quatre garçons exécutèrent les dernières volontés paternelles. Ils ne rencontrèrent aucun problème, jusqu'au moment de vouloir retourner au port d'attache après la dispersion des cendres.

En effet, aucun des garçons n'ayant appris le métier, aucun ne savait manoeuvrer par «vent debout»... Ils errèrent, ballottés sur les flots, pendant six jours et six nuits. Au matin du septième jour, le P'tit Jacquot qui était de faction, alerta ses frères:

«Hé, les gâs, argardez là-bas... Quéqu'chouse qui fiotte... on dirait une bouteille!»

À l'aide d'une pagaie, ils réussirent à approcher l'objet flottant: c'était bien une bouteille... une bouteille de Cognac «Rémy Martin VSOP», parfaitement bouchée...mais qui semblait complètement vide de son contenu ordinaire!

«Nom de Guieu!», de colère, le Gros Pierre fracassa la bouteille sur le bastingage. Au même instant, émanant de la bouteille brisée, une forme brumeuse, vaguement humaine, apparut:

«Ah, enfin, merci... Vous venez de me délivrer du sort qui me tenait enfermé ici. Oui, je suis le génie du Cognac... et pour vous remercier j'exaucerai un vœu que chacun de vous formulera.

lundi 10	mardi 11	mercredi 12	jeudi 13
lever 08 h 40, coucher 17 h 33, + 2	*lever 08 h 39, coucher 17 h 34, + 2*	*lever 08 h 39, coucher 17 h 36, + 2*	*lever 08 h 38, coucher 17 h 37, + 2*
Guillaume	**Paulin**	**Tatiana**	**Yvette**

· DICTON · *Il vaut mieux voir un voleur dans son grenier qu'un laboureur en chemise en janvier.*

Voyons, qui veut commencer ?... À qui le tour ?
– Moi, je suis l'aîné, dit Louis ; moi, je veux quitter cette maudite barque et me retrouver dans un palais en or, manger dans de la vaisselle d'argent, avoir un diamant à chaque doigt...
– C'est bon, c'est bon... Que ton vœu soit exaucé ! » Le génie fit claquer ses doigts de brume et le Grand Louis disparut... pour se retrouver dans le palais de ses fantasmes.
« Et d'un ! Dit le génie, à qui le tour maintenant ?
– C'est à moé, dit Pierre. Moé jhe voudrais me trouver dans un palais avec dés murs en nougatine, coume thieu, jhe pourrai licher les murs !... avec dés pâtés en croûte coume sièghes, et dés fontaines de crème ang'yaise, et pis...
– C'est bon ; j'ai compris ; que ta volonté soit faite. » Le génie fit à nouveau claquer ses doigts de brume... et Pierre disparut, comme avait disparu son aîné.
– Et de deux !, reprit le génie ; à qui le tour à présent ?
– C'est mon tour, dit Jean ; alors moi, je veux un palais rempli de femmes, des blondes, des brunes, des rousses, des grandes, des petites, des grosses, des maigres, des...
– ça va, ça va... j'ai compris, que ton vœu se réalise ! » Et Jean s'évanouit à son tour.
« Eh bien, il ne reste plus que toi, mon petit, dit le génie, se penchant sur Jacquot, alors, quel vœu souhaites-tu que j'exauce pour toi ?
– Quel vœu ?... Quel vœu ?... Eh bin jhe voudrais... Euh... Ah, jhe voudrais bin que mes frères seyiant là peur m'aider à choisi' !
– Mais il n'y a pas de problème, mon petit ! » Et le génie fit claquer ses doigts de brume pour la quatrième fois.

L'amicale laïque de Matha organisait chaque année un voyage « au bord de la mer », à Fouras, au moment des marées d'équinoxe et de pêche à pied. L'autobus faisait généralement le plein ; il fallut même certaines années prévoir un deuxième autocar pour transporter tous les inscrits.
Justine Baudry, la femme d'Octave Baudry, ancien tambour de ville à la retraite, n'avait jamais vu la mer... trop radine pour se payer l'excursion ! Octave, lui, avait effectué son temps militaire à La Rochelle et connaissait donc l'Atlantique et ses merveilles.

Cette année pourtant, mue par on ne sait quel élan émancipateur, Justine demanda à Octave de les inscrire pour la prochaine sortie de l'Amicale. Il faut dire qu'elle était quelque peu jalouse des paniers garnis de coquillages et de crevettes qu'elle voyait rapporter chaque année par ses voisins... qui se gardaient bien d'offrir de partager !
Le grand jour arriva. Après un trajet sans surprise notable, l'autocar stationna sur le parking à l'entrée de la Pointe de la Fumée. Octave entraîna sa femme en haut d'un talus de l'ancien fort dominant la côte. C'était marée haute... et Justine, subjuguée, découvrit l'immensité des flots :
« Oh, fan d'yarce !... Eh bin, o n'en fait de l'éve !... Jh'en avis jhamais tant vu d'un cot ! »
Et Octave, tout fier, d'ajouter :
« Et encore là, Jhustine, tu voés que l'dessus !... »

lever 08 h 38
coucher 17 h 38, + 2

vendredi 14

Nina

lever 08 h 37
coucher 17 h 40, + 2

samedi 15

Rémi

lever 08 h 36
coucher 17 h 41, + 2

dimanche 16

Marcel

SEMAINE 2

janvier 2022

· DICTON · *Janvier d'eau chiche, fait le paysan riche.*

L'histoire se passe au temps des blouses grises, du tableau noir, de l'encre violette, du poêle à charbon… et du Certificat d'Études Primaires. Examen dominé par la terrifiante épreuve de dictée : cinq fautes égal zéro !
La Ginette Brassaud, de Semussac, était cette année-là en « pétrasse » : son drôle de Robert avait échoué au certificat pour la deuxième fois, encore sanctionné par la dictée.
« Vous vous rendez compte, disait-elle à qui voulait l'entendre, à un moument douné de thielle dictée, o fallait écrire… i z'aviant tué deux poules… et mon drôle a-t-été sanctionné passqu'i' l'avait mis de « s » au bout de poule ! Quand même, o faudrait pas exaghérer… o n'aurait eu un cent, jh'aurais compris. Mais ine « s » peur deux malheureuses poules !!! »

Paulo Lutiaud avait revêtu sa chemise blanche et un pantalon neuf pour aller recevoir la médaille du Mérite Agricole des mains de Madame la Maire de Montguyon. Sans doute perturbé par une émotion bien compréhensible, il avait omis de boutonner le braguette du dit pantalon.
Au moment de la remise de la distinction, Paulo s'avance vers l'estrade… révélant à l'édile le désordre intime de sa tenue. Madame la Maire, un peu rouge de confusion, mais demeurant discrèrte, glisse alors à l'oreille de Paulo tout en épinglant la médaille :
« Monsieur Lutiaud, je crois bien que vous avez oublié de boutonner votre pantalon. »
Alors Paulo, sans se démonter, se rajuste et dit :
« Ah que voulez-vous, Madame la Maire ; o l'est de même ; quand un almanach est souvent consulté, i' s'ouvre teurjhou à la même paghe ! »

Le propriétaire de la laiterie de Claix (16) n'avait qu'une fille. Cette dernière avait largement dépassé les quarante ans et n'était toujours pas mariée ; il faut admettre qu'elle était particulièrement laide et acariâtre. Un jour pourtant, un dénommé Tonin, issu de Mouthiers-sur-Boëme, s'aventura à faire sa demande en mariage… demande aussitôt acceptée par les parents de la jeune femme qui commençaient à désespérer. À un voisin qui demandait à Tonin ce qui avait bien pu le décider si soudainement, il avait répondu :
« Jh'ai bin vu que les vieux en aviant pu pour longtemps ; o l'est ce qui m'a fait presser le pas ! »
Quoiqu'il en soit, dix ans plus tard, Tonin était le prospère patron de la laiterie de Claix… mais il avait quand même toujours autant de mal à assumer son épouse dont les défauts ne faisaient que s'accentuer avec les années :
« Qu'é-tou que vous v'lez, disait-il, peur avoér le pot-au-lait, o l'a bin fallu prendre la laitière ! »

lever 08 h 36
coucher 17 h 42, + 2

lundi 17

Roseline

lever 08 h 35
coucher 17 h 44, + 2

mardi 18

Prisca

lever 08 h 34
coucher 17 h 45, + 2

mercredi 19

Marius

lever 08 h 33
coucher 17 h 47, + 2

jeudi 20

Sébastien

· DICTON · *À la Sainte-Agnès, l'hiver sans amour ne progresse.*

La séparation de l'église et de l'état n'avait pas encore été prononcée. En ce jour de fête des morts, l'église de Saujon était bondée. Les fidèles étaient venus de toute la paroisse et des hameaux avoisinants. Pour le sermon le prêtre monta en chaire et s'adressa aux paroissiens, leur parlant des «trépassés… nos chers disparus»… C'est alors qu'une voix s'éleva au fond de l'église:

«Arrêtez! Arrêtez de parler de nos chers disparus, car je me fais fort, moi, de faire revenir sur terre toute personne que vous souhaiteriez y revoir!»
L'assistance se retourna comme un seul homme: un inconnu, vêtu de gris, se tenait debout près du porche et haranguait la foule; s'avançant dans la nef, il poursuivit:
«Tenez, je suis prêt à parier ma bourse pleine d'or que je suis capable de réaliser mes dires.» et il exhiba sur le champ une bourse rebondie. Un murmure parcourut l'assemblée et une voix cria:
«Menteur! Une autre: Imposteur! Une autre: Charlatan!…
– Ah vous ne me croyez pas; eh bien, suivez-moi jusqu'au cimetière et vous verrez par vous-mêmes». Sur ces mots l'homme fit volte-face et quitta l'église. D'un même mouvement tous les paroissiens se levèrent pour le suivre jusqu'au cimetière, à la sortie du bourg de Saujon.
L'inconnu arpentait les allées:
«Voyons, par qui voulez-vous que je commence?… Oh tiens, cette jeune femme, partie dans la fleur de l'âge… Quel bonheur si elle revenait parmi nous, n'est-ce pas?…Un fidèle s'avança alors:
«Oui, o l'était ma femme; jhe l'aimais plus que tout; al' est morte o y'a mé de sept ans… mais jhe seus remarié dépeu six mois… alors si al' rev'nait, compeurnez-vous…
– J'ai compris, j'ai compris, dit l'inconnu. Voyons plus loin. Oh, cette vieille dame, si riche et si bonne, qui ne pensait qu'à répandre le bien…je suis certain que vous voudriez tous la revoir au village…» Et là c'est un jeune homme qui se détacha de la foule:
«Je suis son héritier… alors, je vous en prie.
– Bien, bien, je vois…Alors allons encore plus loin… Ah, tiens: votre vieux curé; quel brave homme, n'est-ce pas? Qui ne souhaiterait le revoir dans notre église?»…
Cette fois tous les paroissiens s'agitèrent:
«Oh non; il était tellement long et pesant dans ses prêches; tellement exigeant à l'absolution… non, s'il vous plaît, laissez-le reposer en paix!
– Alors je ne vois qu'une solution, fit l'homme en gris, je vais tuer l'un ou l'une d'entre vous et je les ressusciterai ensuite; disant cela il dégagea de sa ceinture un pistolet qu'il braqua vers la foule.
Alors, qui est volontaire?… Monsieur?… Madame?…» Les fidèles baissaient le nez, fixant la pointe de leurs bots du dimanche. Brusquement tous firent demi-tour, et quittèrent le cimetière comme une volée de corbeaux. Ce qui signifie qu'à Saujon, comme ailleurs, même pour une bourse d'or personne n'est prêt à gager sa vie… et quand on y est mort, rassurez-vous, c'est pour longtemps!

lever 08 h 32
coucher 17 h 48, + 2

vendredi 21

Agnès

lever 08 h 31
coucher 17 h 50, + 2

samedi 22

Vincent

lever 08 h 30
coucher 17 h 51, + 2

dimanche 23

Barnard

SEMAINE 3

janvier
2022

À vous de jouer ! À VOUS DE JOUER ! *À vous de jouer*

CARTE DU CIEL

LE CIEL VISIBLE VERS LE 15 JANVIER À MINUIT

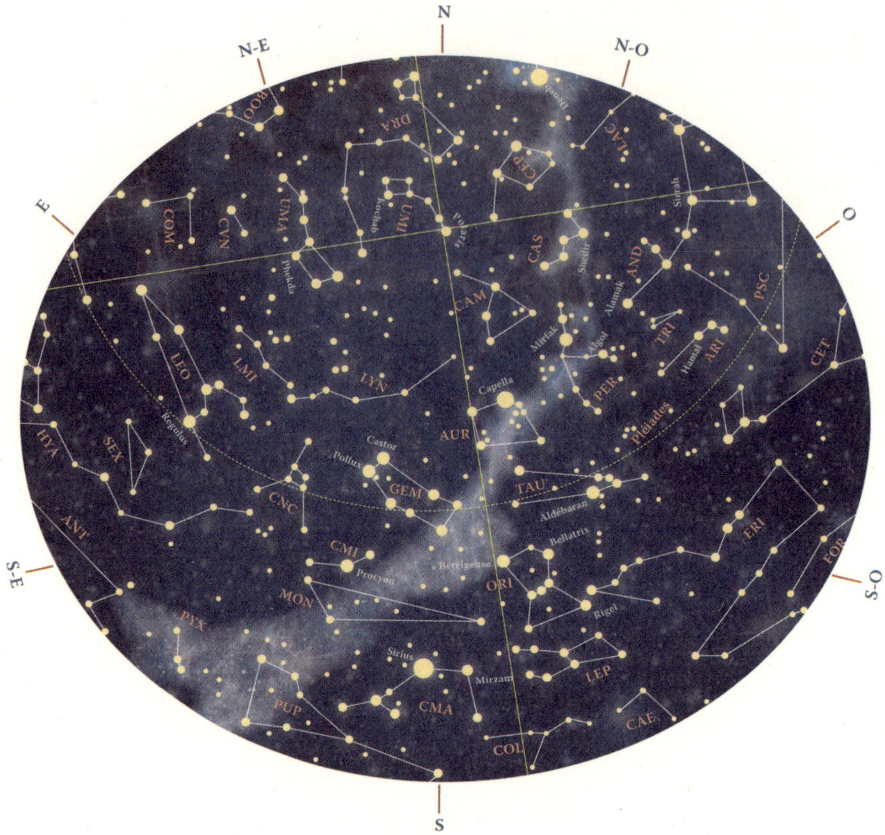

Chaque mois de cet Almanach, vous aurez la possibilité de voir la carte du ciel ainsi que la liste des constellations visibles à cette période.

En janvier, vous pourrez voir les suivantes : Andromède, la Baleine, le Bélier, le Cancer, Cassiopée, Céphée, le Grand Chien, le Petit Chien, les Chiens de chasse, le Cocher, la Colombe, le Cygne, le Dragon, Éridan, les Gémeaux, la Girafe, l'Hydre femelle, le Lézard, la Licorne, le Lièvre, le Lion, le Petit Lion, le Lynx, Orion, la Grande Ourse, la Petite Ourse, Pégase, Persée, le Poisson, la Poupe, le Taureau et le Triangle.

lever 08 h 29
coucher 17 h 52, + 2

lundi 24

François de Sales

lever 08 h 28
coucher 17 h 54, + 3

mardi 25

Conversion de saint Paul

lever 08 h 27
coucher 17 h 55, + 3

mercredi 26

Paule

lever 08 h 26
coucher 17 h 57, + 3

jeudi 27

Angèle

À VOUS DE JOUER ! *À vous de jouer !* À VOUS DE JOUER !

SUDOKU

	9							
						2		
4		5	8	1			9	
		6			3	7		9
	1		4		7	6		
1		9	7			4		6
	4		6	3				5
8								

7					3		8	6
	8	1		6				
		3		9	7	2		
2				4	9			
						3		
	3		7					
							7	
			6		4		5	8
4		6			5		2	

3	7							4
4	9				6	8		5
9		4	5			6		7
2			4					8
6					3		9	
	1		9	2	5			
							5	3

	2			3				
4		9	7			3	6	
				9				
								4
						2		
		8	6	5				1
		3						2
9			5		7		4	
5	7	2						8

Mes notes

lever 08 h 21
coucher 18 h 03, + 3

lundi 31

Marcelle

lever 08 h 25
coucher 17 h 58, + 3

vendredi 28

Thomas d'Aquin

lever 08 h 24
coucher 18 h 00, + 3

samedi 29

Gildas

lever 08 h 23
coucher 18 h 01, + 3

dimanche 30

Martine

SEMAINE 4

janvier 2022

Février 2022

Mes notes

En latin, februarius vient de *Februa*, dieu de la Mort et de la Purification. C'est le mois du froid, du vent, nommé « ventôse » dans le calendrier républicain, et, selon les anciennes croyances paysannes, « si février n'a pas de grands froids, le vent dominera tous les autres mois ».

Mes notes

· DICTON · ***Si la Chandeleur est belle et claire, c'est que l'hiver sera long.***

J'évoquais dans le prologue de l'almanach 2021 la situation de mes père et grand-père selliers-bourreliers à Villefagnan. Je rapporte ici une réflexion aussi cocasse qu'authentique.

Il arrivait, lorsqu'un propriétaire fermier leur demandait beaucoup d'ouvrage, qu'ils quittent la boutique pour aller « travailler à domicile ». Ils garnissaient alors les sacoches de leur vélo respectif des outils nécessaires et de l'indispensable lignou et s'absentaient pour la journée, voire parfois pour deux ou trois jours. Bien entendu le propriétaire les invitait à partager le déjeuner à la ferme.

Ce jour-là ils étaient « en mission » dans une grosse ferme des environs de Courcôme. C'était la pause-déjeuner ; on en était au café. S'apprêtant à ajouter la traditionnelle « goutte » au verre de café, la fermière ouvrit le placard où elle rangeait sa bouteille et ses bocaux de conserves. Elle prit un bocal de Reine-Claude qu'elle montra fièrement aux invités :

« Regardez-don si jh'ai bin réussi mes peurnes, thiette année », dit-elle.

Lors, mon grand-père, se méprenant sur les intentions de la fermière, et voulant exprimer une politesse hypocrite : « Oh, vous allez quand même pas ouvri' ça peur nous z'aut', ma pauv' femme...

— Oh foutre non, reprit-elle, jhe les gardons peur quand jh'avons dau monde ! »

Comme dit le proverbe : chacun sa place, et les vaches seront bien gardées.

Madame Gilberte, la fille du percepteur de Tonnay-Boutonne, avait quitté la bourgade depuis une bonne dizaine d'années déjà pour aller épouser un avocat du barreau de Saintes, mais elle revenait quand même régulièrement rendre visite à ses parents. Bien entendu, ses tenues extravagantes, son allure et sa démarche un tantinet hautaine détonaient quelque peu au bourg, lorsqu'elle descendait la Grand'Rue, se mirant dans les vitrines.

« Fan d'yarce, disait Marcel, le cantonnier municipal, al' se prend pas peur ine petite marde, la drôlesse au parcepteur... Vous allez voér qu'un jhour al' se mettra à sa fenêtre peur se r'garder passer dans la rue ! »

Désirant sans doute faire travailler l'artisanat local, elle avait apporté à Pamphile, le cordonnier, une paire de délicats souliers de ville, lui demandant de bien vouloir changer quelques brides défectueuses :

« Vous vous rendez compte, dit-elle au cordonnier, des chaussures qui n'ont même pas trois mois ! À votre avis, qu'est-ce qui a pu les mettre dans un tel état ? »

Pamphile chaussa ses lunettes « à voir de près », examina attentivement la chose d'un œil de professionnel, et délivra sa sentence :

« A moun' avis, Madame Gilberte, eh bin, thiés souliers... vous avez dû marcher avec ! »

mardi 1er	mercredi 2	jeudi 3
lever 08 h 20 coucher 18 h 04, + 3	lever 08 h 19 coucher 18 h 06, + 3	lever 08 h 17 coucher 18 h 07, + 3
Ella	CHANDELEUR Présentation	Blaise

· DICTON · *Février neigeux, été avantageux.*

La Chandeleur

La Chandeleur (fête des chandelles) est une ancienne fête païenne et latine ; Chez les Celtes, on fêtait Imbolc le 1er février. Ce rite en l'honneur de la déesse Brigit célébrait la purification et la fertilité au sortir de l'hiver. Elle devient au IVe siècle une fête religieuse chrétienne correspondant à la présentation de Jésus au Temple et sa reconnaissance par Siméon comme « Lumière qui se révèle aux nations ». Cette fête se déroule le 2 février, soit 40 jours après Noël.

La Chandeleur est célébrée par les profanes comme le « jour des crêpes » : la tradition en est attribuée au pape Gélase Ier, qui faisait distribuer des crêpes aux pèlerins arrivant à Rome, mais on peut y voir aussi la coutume des Vestales, qui lors des Lupercales faisaient l'offrande de gâteaux préparés avec le blé de l'ancienne récolte pour que la suivante soit bonne. À l'occasion de la Chandeleur, toutes les bougies de la maison devaient être allumées. On dit aussi que les crêpes, par leur forme ronde et dorée, rappellent le disque solaire, évoquant le retour du printemps après l'hiver sombre et froid.

La coutume veut qu'on lance la crêpe en tenant dans l'autre main une pièce de monnaie (une pièce d'or, symbole de prospérité). On dit aussi que la première crêpe confectionnée doit être gardée dans une armoire et qu'ainsi les prochaines récoltes seront abondantes. Il est parfois précisé qu'il s'agit du sommet d'une armoire et que la crêpe est alors réputée ne pas moisir et éloigner la misère et le dénuement

La CAPUCINE

Importée d'Amérique, sous le nom de cresson d'Inde ou du Pérou, elle est introduite en France en 1684. C'est Madame de Maintenon qui en reçoit le premier bouquet des mains de son royal amant, le Roi Soleil, d'où dans le langage des fleurs : flamme ou feu d'amour.

JEU DE SOCIÉTÉ

Les dames

Si les jeux de damier remontent à la plus haute Antiquité, les dames, sous leur forme actuelle, furent inventées vers 1725 par un militaire français qui jouait fréquemment avec un noble polonais : c'est de là que le jeu tire son nom de « dames polonaises ».

lever 08 h 16
coucher 18 h 09, + 3

vendredi 4

Véronique

lever 08 h 15
coucher 18 h 11, + 3

samedi 5

Agathe

lever 08 h 13
coucher 18 h 12, + 3

dimanche 6

Gaston

SEMAINE 5

février
2022

· DICTON · *Pluie de février emplit le grenier.*

RECETTE

La recette de Liliane : Le tourin blanchi à l'ail

Peler une poignée d'ail et le faire revenir dans de la graisse d'oie ou de canard sans le faire roussir. Saupoudrer d'une cuillère de farine. Délayer avec une cuillère d'eau bouillante. Ajouter 2 litres d'eau bouillante, sel et poivre. Laisser cuire ½ h à ¾ d'heure. Lorsque la soupe est cuite, la sortir du feu et y verser 1 blanc d'œuf en remuant bien puis le jaune d'œuf (auquel on a rajouté quelques gouttes de vinaigre). Verser la préparation dans une soupière dans laquelle on a disposé de fines tranches du pain de campagne. On peut ajouter aussi du gruyère râpé.

Cette soupe est le symbole même de la convivialité puisqu'on la sert, traditionnellement en Périgord, la nuit de noce ou chez les jeunes couples qui viennent d'aménager.

La SAUGE

Très connue en tant qu'herbe aromatique, la **sauge** est loin de se cantonner à ses propriétés culinaires.

Tonique, antiseptique, fébrifuge, astringente et antioxydante, la **sauge** officinale revêt de nombreuses vertus médicinales.

D'ailleurs, son nom scientifique indique clairement son rôle : Salvia, du latin salvare qui signifie guérir. On la nomme aussi « herbe sacrée ».

Contre les aphtes, par exemple, elle peut s'utiliser en infusion ou comme bain de bouche.

JEU DE SOCIÉTÉ

Le Nain Jaune

Le Nain jaune se jouait déjà au XVIIe siècle sous le nom de jeu de Lindor, et connut son apogée au XIXe siècle. Il est vraisemblablement issu du Hoc, un jeu italien plus ancien introduit en France par Mazarin, et de la Comète, très populaire sous Louis XV. La présence au centre de la table d'un plateau où le Nain jaune (le 7 de carreau) est entouré par quatre autres cartes a souvent conféré à ce jeu une connotation symbolique (par exemple : le Christ entouré des quatre évangélistes).

lundi 7	mardi 8	mercredi 9	jeudi 10
lever 08 h 12, coucher 18 h 14, + 3	lever 08 h 10, coucher 18 h 15, + 3	lever 08 h 09, coucher 18 h 17, + 3	lever 08 h 07, coucher 18 h 18, + 3
Eugénie	Jacqueline	Apolline	Arnaud

· DICTON · *Février et mars trop chauds mettent le printemps au tombeau.*

TRUCS & ASTUCES

Dans le frigo : Pour lutter contre l'humidité dans le bac à légumes, y mettre une éponge.
Et pour lutter contre les mauvaises odeurs, déposer dans une coupelle marc de café ou bicarbonate de soude ou vinaigre blanc. Si les odeurs sont décidément trop installées, nettoyer le frigo avec une préparation maison composée d'eau, de jus de citron et de bicarbonate de soude.

Le pissenlit

Le pissenlit appelé ainsi pour ses propriétés diurétiques est aussi connu sous le nom de dent-de-lion, lié à la forme recourbée de ses feuilles. Les jeunes pousses se consomment en salades. Elles se récoltent avant la floraison.
L'image représentant une femme soufflant sur les aigrettes de pissenlits, due au peintre Eugène Grasset, est la marque du dictionnaire Larousse, symbole de « la connaissance semée à tout vent ».

Mes notes

Pétassou

Pétassou est un personnage traditionnel de carnaval et de théâtre qui prend racines dans les vallées et les montagnes d'Occitanie (grand Sud de la France).
« petassou » s'écrit petaçon et vient de l'occitan « petaç » (prononcé pétass), qui est un morceau de tissu à rapiécer. Un pétassou est donc une personne qui porte des vêtements rapiécés.
Pétassou est un imposant personnage au visage disgracieux. Il est composé, généralement, d'une armature en bois et bourrée de paille ou d'une armature métallique recouverte de papier mâché.
Pétassou est promené dans la ville, suivi par les habitants – notamment les enfants – déguisés (souvent autour d'un thème). Pétassou est ensuite jugé, condamné puis brûlé pour ses fautes.
L'un des objectifs premiers de sa crémation est de voir s'envoler tous les malheurs passés, avant de repartir positivement sur une nouvelle année.

HUMOUR

Deux chèvres Babi et Baba sont dans un bateau. Baba tombe à l'eau. Que se passe-t-il ?
Baba coule et Babie bêle

lever 08 h 06
coucher 18 h 20, + 3

vendredi 11

Notre Dame de Lourdes

lever 08 h 04
coucher 18 h 21, + 3

samedi 12

Félix

lever 08 h 03
coucher 18 h 23, + 3

dimanche 13

Béatrice

SEMAINE 6

février 2022

· DICTON · *Neige de février Vaut fumier.*

La Saint-Valentin : fête des amoureux

Le jour de la Saint-Valentin, le 14 février, est considéré dans de nombreux pays comme la fête des amoureux. Les couples en profitent pour échanger des mots doux et des cadeaux comme preuves d'amour ainsi que des roses rouges qui sont l'emblème de la passion

Le 14 février correspond, dans la religion romaine, aux Lupercales (Lupercus est le dieu de la fécondité), fêtes faunesques se déroulant du 13 au 15 février.

En 495, le pape Gélase Ier souhaite en finir avec cette fête païenne et décide de la remplacer par la fête du 14 février, jour du martyr de Valentin de Terni, prêtre ou moine du IIIe siècle. Le titre de « patron des amoureux » lui est attribué en 1496 par le pape Alexandre VI.

Les premières traces de coutumes galantes associées à la fête courtoise de la Saint-Valentin datent du XIVe siècle en Angleterre où naît la tradition de l'échange de cartes et de billets doux entre le Valentin et sa Valentine car l'on pensait que les oiseaux choisissaient ce jour pour s'apparier

La légende dit que la fille du geôlier, Julia – qui a recouvert miraculeusement la vue – plante, près de la tombe de Valentin, un amandier. L'arbre est depuis ce jour un symbole de l'amour et de la virginité. C'est le premier arbre fruitier à fleurir à la fin de l'hiver. Les fleurs paraissant bien avant les feuilles, chaque rameau se voile alors complètement de blanc, évoquant ainsi une robe de mariée.

Le flipper

Un flipper ou billard électrique en français, ou machine à boules en québécois (*pinball* en anglais), est un jeu électro-mécanique à monnayeur dont le principe est de marquer des points en dirigeant une ou plusieurs billes métalliques sur un plateau de jeu, séparé du joueur par une vitre.

Le but principal du jeu de flipper est de réaliser le score le plus élevé. Le but secondaire est de jouer le plus longtemps possible en évitant que la bille ne sorte du plateau de jeu (éventuellement en obtenant des billes supplémentaires) et de gagner des parties gratuites (*replay*).

Ce type de jeu a connu un franc succès des années 1950 aux années 1990, au point de rentrer dans la culture populaire. La plupart des cafés en proposaient à leurs clients. Il existait aussi des salles de jeux spécialisées.

Le jeu de flipper serait dérivé d'un jeu français, le jeu de Bagatelle et du billard japonais (XVIIIe siècle). Il est mis au point à Chicago dans les années 1930 par des mécaniciens et des électriciens au chômage depuis la crise de 1929. D'abord jeu de hasard et d'argent, le jeu de flipper est interdit dans plusieurs grandes villes américaines (Atlanta en 1939, New York en 1941). Ses gains sont ensuite remplacés par des parties gratuites. Devenu électronique dans les années 1970, il subit un déclin dans les années 1980 à la suite de l'essor du jeu vidéo.

lever 08 h 01
coucher 18 h 24, + 3

lundi 14

Valentin

lever 07 h 59
coucher 18 h 26, + 3

mardi 15

Claude

lever 07 h 58
coucher 18 h 27, + 3

mercredi 16

Julienne

lever 07 h 56
coucher 18 h 29, + 3

jeudi 17

Alexis

· DICTON · *À la Sainte-Bernadette, souvent le soleil est de la fête.*

Le retour des oiseaux migrateurs se déroule de fin février à mars.

Les haltes sont plus régulières lorsque ces oiseaux montent vers leurs sites de nidification (en Europe du Nord) que lorsqu'ils descendent vers leurs lieux d'hivernage (Sud de l'Espagne, Afrique du Nord). Depuis les années 2000, à cause du réchauffement climatique, on observe qu'une partie des oiseaux hiverne dans le centre de la France et en sud Vendée dans le marais poitevin.

Les Grues cendrées migrent sur environ 2 500 km de distance. Les vols migratoires sont en forme de V ou de Y. En vol, les grues cendrées crient, la plupart du temps, environ toutes les dix à quinze secondes. Le chant, un « grou » sonore, s'entend jusqu'à quatre kilomètres. C'est une particularité anatomique du bréchet de la grue qui explique son exceptionnelle puissance.

Les oies ont tendance à voler bruyamment, en formation en V de 50 à 200 individus, quelques fois accompagnées d'autres oiseaux migrateurs comme les grues cendrées ou d'autres espèces d'oies. Même au sein des formations, les couples ne se séparent pas.

HUMOUR

Un groupe de l'Armée du Salut harangue la foule sur une place publique. Au premier rang, une jeune femme en uniforme arrête les passants :

« Mes frères, il faut vous convertir. On ne sait pas de quoi demain sera fait. Regardez-moi, par exemple, je vis dans l'incertitude. Aujourd'hui, je suis dans les bras de mon époux, demain, je serai peut-être dans les bras du Seigneur ! »

Soudain, un type lui demande : « Et après-demain, vous êtes libre ? »

PORTRAIT DE FEMME

Suzanne LACORE (1875-1975)

Elle est l'une des trois premières femmes à faire partie d'un gouvernement français (Blum) à une époque où les femmes ne pouvaient ni voter, ni être élues.

Elle fut institutrice en Dordogne, de 1894 jusqu'à sa retraite en 1930 menant son activité politique en parallèle avec sa carrière d'enseignante. Elle meurt à Milhac-d'Auberoche (Dordogne).

Mes notes

lever 07 h 54
coucher 18 h 30, + 3

vendredi 18

Bernadette

lever 07 h 53
coucher 18 h 32, + 3

samedi 19

Gabin

lever 07 h 51
coucher 18 h 33, + 3

dimanche 20

Aimée

SEMAINE 7

février 2022

CARTE DU CIEL

LE CIEL VISIBLE VERS LE 14 FÉVRIER À MINUIT

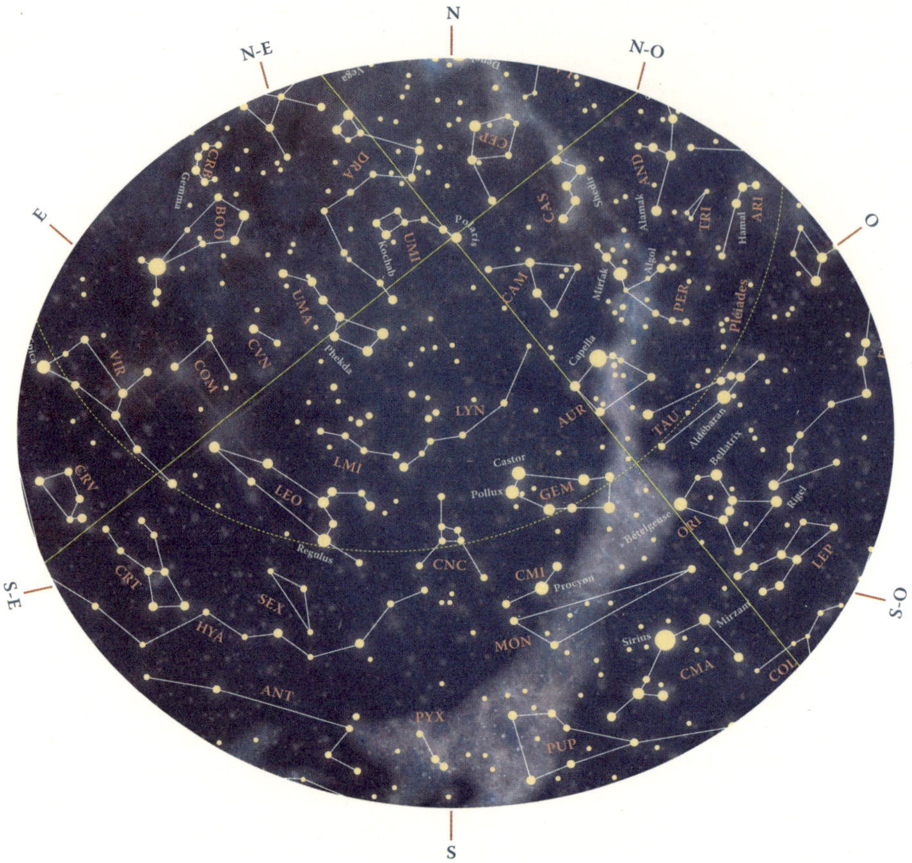

En février, vous pourrez voir les contellations suivantes : le Cygne, le Dragon, la Petite Ourse, Céphée, le Lézard, Pégase, Cassiopée, Andromède, le Poisson, le Triangle, le Bélier, Persée, la Girafe, le Cocher, le Lynx, la Grande Ourse, les Chiens de chasse, la Chevelure, le Bouvier, la Vierge, le Lion, le Petit Lion, le Cancer, les Gémeaux, le Taureau, la Baleine, Eridan, Orion, le Lièvre, le Grand Chien, la Colombe, la Poupe, la Boussole, la Licorne, l'Hydre femelle, la Coupe, Hercule, le Petit Chien.

lever 07 h 49
coucher 18 h 35, + 3

lundi 21

Pierre Damien

lever 07 h 47
coucher 18 h 36, + 3

mardi 22

Isabelle

lever 07 h 46
coucher 18 h 38, + 3

mercredi 23

Lazare

lever 07 h 44
coucher 18 h 39, + 3

jeudi 24

Modeste

À VOUS DE JOUER ! *À vous de jouer !* À VOUS DE JOUER !

MOTS FLÉCHÉS

1 2 3 4 5 6 7 8

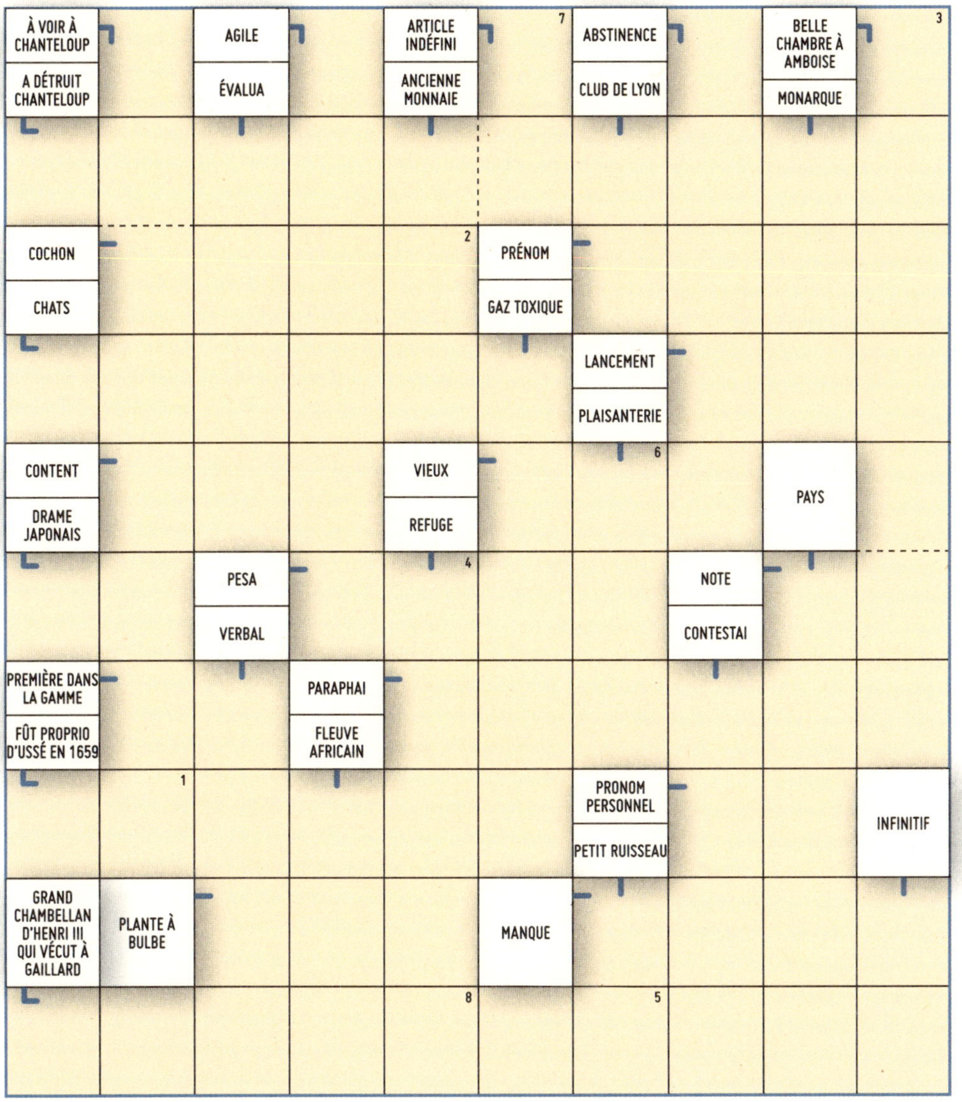

Mes notes

lever 07 h 37
coucher 18 h 45, + 3

lundi 28

Romain

lever 07 h 42
coucher 18 h 40, + 3

vendredi 25

Roméo

lever 07 h 40
coucher 18 h 42, + 3

samedi 26

Nestor

lever 07 h 38
coucher 18 h 43, + 3

dimanche 27

Honorine

SEMAINE 8

février 2022

Mars 2022

Mars était à l'origine le premier mois du calendrier romain, puisque le retour des beaux jours marquait le début de la période des guerres. Ainsi, les Romains avaient baptisé ce mois Martius, en l'honneur du dieu de la Végétation et de la Guerre, Mars. Père des jumeaux Romulus et Remus, ce dieu sanguinaire, qu'on oppose souvent à Vénus, a pour couleur le rouge, et les pierres précieuses qui lui sont associées sont le rubis, le grenat et la cornaline. Il a naturellement donné son nom à la planète Mars, appelée aussi la planète rouge, terre chaude et féroce, liée, dans la symbolique astrologique, aux tyrans et à la guerre.

Mes notes

Mes notes

· DICTON · *Soit au début, soit à la fin, mars nous montre son venin.*

03 MARS 1983
Mort de Georges Rémi, dit « Hergé », « père » de Tintin

HUMOUR

Au cours d'un dîner entre deux couples d'une cinquantaine d'années, l'un des maris n'a de cesse d'appeler sa femme par de petits surnoms : « ma chérie, mon amour, ma puce… ». À la fin du repas, l'autre mari, étonné, lui demande en privé : « Dis donc, comment tu fais, toi, au bout de 30 ans de mariage, pour continuer à appeler ta femme comme ça ?! » Et l'autre de répondre : « Et bien, en fait, c'est parce que je n'ose pas lui dire, mais… j'ai oublié son prénom ! ».

Les oiseaux

Nourrir les oiseaux en hiver, c'est leur apporter ce qu'ils ne trouvent plus dans la nature (insectes, baies, larves, graines) pour leur permettre de mieux résister aux conditions climatiques (froid, neige, gel). Ce coup de pouce est souvent capital car, en cette période, un oiseau dépense toute son énergie pour rester en vie. Une bonne raison pour installer ou fabriquer des mangeoires. Disposez-les à différents endroits du jardin, à l'abri des prédateurs (chats) et à l'écart des lieux de passage, si possible dans l'axe des fenêtres pour pouvoir les observer sans les déranger.

À faire

- Donner régulièrement des petites quantités de graines, plutôt que des grosses quantités de temps en temps (les graines risquent de pourrir ou d'être souillées). Idéalement, faites deux apports par jour, matin et soir.
- Nettoyer les mangeoires souvent pour éviter la propagation d'éventuelles maladies.
- Changer l'eau des coupelles très régulièrement.

À ne pas faire

- Donner des boules de graisse toute l'année. Réservez ce régime aux mois les plus froids. De plus, les boules de graisse se gâtent vite dès qu'il fait plus de 7 °C.
- Verser de l'eau trop chaude dans les coupelles : les oiseaux du jardin pourraient s'y baigner et geler par la suite si les températures sont trop basses.
- Donner des fruits coupés en petits morceaux que les oiseaux pourraient avaler d'un seul coup au risque de s'étouffer. Laissez-les picorer des fruits entiers.
- Donner du lait, des graines de ricin ou de lin, toxiques pour les oiseaux.

Chaque année, le moineau domestique est l'oiseau le plus abondamment observé en France (+ de 73 000 ont été recensés en 2019). Il est suivi par la mésange charbonnière. La mésange bleue venait compléter le trio mais en 2019 c'est le pinson des arbres qui occupe la troisième place avec + de 37 000 individus observés.

lever 07 h 35
coucher 18 h 46, + 3

mardi 1er

Aubin

lever 07 h 33
coucher 18 h 48, + 3

mercredi 2

Charles le Bon

lever 07 h 31
coucher 18 h 49, + 3

jeudi 3

Guénolé

· DICTON · *Des fleurs qu'en mars on verra, peu de fruits se mangera.*

La fête des grands-mères

La fête des grands-mères est un événement relativement récent puisqu'il remonte aux années 80. Cette fête doit son origine à une idée brillante de la société KJS (Kraft Jacobs Suchard) avec sa marque de Café Grand-mère. Au début très timide, toutefois, année après année, la fête des grand-mères a pris de l'ampleur grâce notamment aux fleuristes. Elle figure désormais officiellement dans tous les calendriers français. On célèbre les grand-mères chaque premier dimanche de mars.

PORTRAIT DE FEMME

Joséphine BAKER (1906-1975)

Née aux États-Unis, Freda Josephine McDonald prend la nationalité française en 1937.
Outre son engagement dans la Résistance durant la Seconde Guerre mondiale, elle est considérée comme la première star noire (chanteuse, danseuse, meneuse de revue).
Elle utilise sa grande popularité dans la lutte contre le racisme, et pour l'émancipation des Noirs. De 1937 à 1969, elle vit au château des Milandes en Dordogne avec sa « tribu arc-en-ciel »

INAUGURATIONS À PARIS

04 mars 1988 : pyramide du Louvre

06 MARS 1980

Marguerite Yourcenar est la première femme élue à l'Académie Française

TRUCS & ASTUCES

Pour mieux éplucher les œufs durs, mettre une cuillérée de bicarbonate dans l'eau de cuisson.

HUMOUR

Jean-Marie rentre de l'école, son tablier tout déchiré.
« D'où viens-tu pour être dans un état pareil ? » demande papa.
« Ben, avec les copains, on a joué à l'épicier et c'était moi le gruyère ».

vendredi 4	samedi 5	dimanche 6	SEMAINE 9
lever 07 h 29, coucher 18 h 51, + 3	lever 07 h 27, coucher 18 h 52, + 3	lever 07 h 25, coucher 18 h 53, + 3	*mars* 2022
Casimir	Olive	Colette	

· DICTON · *S'il gèle aux Quarante Martyrs (le 10), il gèlera encore quarante nuits.*

PORTRAIT DE FEMME

Jane POUPELET (1874-1932)

Sculptrice et dessinatrice née à Saint-Paul-de-Lizonne (Dordogne), Elle a excellé dans la sculpture animalière et a également sculpté des nus féminins.
Grande figure de la sculpture du début du xxe siècle, Jane Poupelet se distingue, à partir de 1918, en modelant avec l'Américaine Anna Ladd des masques pour les Gueules cassées de la Première Guerre mondiale.

Jardiner avec la lune

La lune a une influence sur le développement des végétaux.
Lorsqu'elle est croissante, la sève des plantes monte vers les branches. Ces jours-là sont favorables à tout ce qui se passe au-dessus du sol (greffes, semis). Lorsqu'elle est décroissante, la sève regagne les racines. La période est donc propice à ce qui se passe sous terre (plantation, repiquage, fertilisation, tailles)
La lune passe successivement, au cours de son cycle, devant les constellations du zodiaque ; chacune d'elle est liée à un élément (feu, terre, air, eau) et à une partie de la plante.
C'est en tenant compte de toutes ces connaissances – très anciennes – et des travaux de saisons que sont réalisés les calendriers lunaires.

Jour-Fleurs
C'est le moment idéal pour semer, planter, rempoter, bouturer et récolter vos légumes fleurs
Jour-Fruits et Graines
Il est l'heure de semer, de planter les petits et grands fruitiers ainsi que les légumes-fruits, ou d'en faire la récolte
Jour-Racines
C'est la période pour semer, planter, soigner et récolter les légumes à racines et les fleurs à bulbes
Jour-Feuilles
L'influence de la lune porte sur les parties feuillues des plantes. C'est donc le moment de tailler, tondre, cueillir, semer et repiquer les végétaux à feuilles

07 MARS 1765

Naissance de Nicéphone Niépce, inventeur en 1822 de la photographie

10 MARS 1876

Alexander Graham Bell effectue le premier appel téléphonique

lever 07 h 23
coucher 18 h 55, + 3

lundi 7

Félicité

lever 07 h 22
coucher 18 h 56, + 3

mardi 8

Jean de Dieu

lever 07 h 20
coucher 18 h 58, + 3

mercredi 9

Françoise

lever 07 h 18
coucher 18 h 59, + 3

jeudi 10

Vivien

· DICTON · *À la Sainte-Justine, toute fleur s'incline.*

RECETTE

Le délice aux poires de Françoise

1 boîte de 1 kg de poires
130g de farine
110g de sucre en poudre
3 œufs
2 cuillières à soupe de crème fraîche
10 dl de lait
1 paquet de sucre vanillé
Parfum : fleur d'oranger ou rhum ou alcool de poire

Mettre dans un saladier le sucre et les jaunes d'oeufs et battre jusqu'à ce que le mélange blanchisse. Ajouter peu à peu la farine, la crème fraiche, le lait et le parfum.
Monter les blancs en neige et ajoutez-les à la préparation.
Beurrer un moule à manqué, y verser la pâte et disposer les poires.
Cuire au four pendant 25 mn Thermostat 7.
Démouler et parsemer de sucre vanillé.
Mon petit truc, avant de le mettre au four, je le recouvre d'amandes effilées qui vont griller à la cuisson et donner un petit goût sensas !

Le baby-foot

L'invention du baby-foot n'est pas précisément déterminée. Il aurait été inventé simultanément en France et en Allemagne dans les années 1880-1890. De nombreux brevets ont été déposés dès le début du XXe siècle.
Construit entièrement en bois, il aurait été connu en France, dans les années 1930, sous le nom de « ping foot » et « foot-ball en miniature ». Les joueurs en plastique ont fait leur apparition en 1955. Comme le billard, le baby-foot est une transposition d'un jeu d'extérieur en jeu de table.
L'âge d'or du baby foot en France se situe dans les années 70. À ce moment là, on en trouvait un dans tous les cafés du quartier pour assurer l'ambiance. Le baby-foot est joué pratiquement dans le monde entier. Il fait même l'objet de compétitions.

lever 07 h 16
coucher 19 h 00, + 3

vendredi 11

Rosine

lever 07 h 14
coucher 19 h 02, + 3

samedi 12

Justine

lever 07 h 12
coucher 19 h 03, + 3

dimanche 13

Rodrigue

SEMAINE 10

***mars* 2022**

• DICTON • *Taille tôt, taille tard, rien ne vaut la taille de mars.*

PORTRAIT DE FEMME

Jeanne BARRET (1740-1807)

Elle est notamment connue pour être la première femme à avoir fait le tour du monde avec l'expédition de Bougainville de 1766 à 1769. Déguisée en homme, sous le nom de Jean Barret, elle s'est enrôlée comme valet et assistant du naturaliste de l'expédition, Philibert Commerson. Aux dires de Bougainville, elle était experte en botanique. Elle finit ses jours à St Antoine de Breuilh.

St Patrick (le 17 mars)

Saint patron de l'Irlande, il est considéré comme son évangélisateur et comme le fondateur du christianisme irlandais. Selon une tradition tardive légendaire, Patrick se serait emparé, lors d'un sermon au rock de Cashel, d'un trèfle à trois feuilles pour faire comprendre le mystère de la Trinité. Les figures de triades étaient familières à la religion celtique : le trèfle deviendra ainsi le symbole de l'Irlande

JOUET

Jouet fabriqué à partir d'une bobine de fil en bois :

Le tracteur est un grand classique parmi eux : c'est un engin auto propulsé qu'un enfant avec beaucoup d'imagination peut voir comme un tracteur ou un tank suivant son penchant, mais la technique de construction reste la même. Faites de petits crans sur les bords de la bobine avec un couteau de poche imitant les roues d'un tracteur. En utilisant le morceau de cire ou de savon, préparez un petit cylindre percé qui fonctionnera comme un embrayage. Évidemment, la cire doit être travaillée quand elle est chaude, alors que le morceau de savon demandera un travail délicat puisqu'il peut se briser facilement.
Maintenant assemblez le tracteur. Insérez un élastique en caoutchouc dans le trou de la bobine et arrêtez-le en place avec une allumette ou une petite brindille, qui est maintenue par une petite rainure ou un clou. De l'autre coté, placez l'embrayage et l'allumette la plus longue.

Votre engin est prêt à fonctionner: faites tourner la grande brindille de manière à ce que l'élastique s'enroule sur elle-même. De cette manière, vous chargez le tracteur qui par l'embrayage ira relâcher doucement l'énergie accumulée. La longue brindille, en tapant sur le sol, permettra au tracteur d'avancer. Vous le verrez bouger lentement, monter sur des petites pentes et descendre.

lever 07 h 10
coucher 19 h 05, + 3

lundi 14

Mathilde

lever 07 h 08
coucher 19 h 06, + 3

mardi 15

Louise

lever 07 h 06
coucher 19 h 07, + 3

mercredi 16

Bénédicte

lever 07 h 04
coucher 19 h 09, + 3

jeudi 17

Patrice

· DICTON · *À la Saint-Joseph va et vient l'hirondelle.*

"Hirondelle aux champs amène joie et printemps"

Comme bien d'autres migrateurs, l'hirondelle retrouve le lieu où elle nichait l'année précédente, lorsqu'elle revient d'Afrique. Ce qui explique peut-être qu'elle ne recolonise que difficilement les villes d'où elle a disparu, même quand les conditions de pollution ou de menaces pour elle semblent avoir diminué.

HUMOUR

– Comment ! vous avez tué votre mari pour pouvoir filer le parfait amour avec votre jeune amant après avoir touché le montant de son assurance-vie, et vous avez le culot de dire que c'est un drame de l'euthanasie ?!
Mais oui, Monsieur le Président. Mon pauvre Gaston souffrait tellement depuis qu'il était marié avec moi.

Mes notes

JOUET

L'ours en peluche

L'arrivée de l'ours sur le marché du jouet, au début du XXe siècle, permit enfin aux garçons de serrer tendrement contre eux un compagnon de jeux et de sommeil, sans pour autant risquer vexations et quolibets.
L'Amérique revendique cette invention : en 1903, le président Théodore Roosevelt – Teddy pour les intimes – épargna un petit ourson, un jour de chasse à l'ours dans les Rocheuses. Un cartoon de Clifford Berryman paru dans le « Washington Post » immortalisa l'anecdote et fut, dit-on le point de départ du *Teddy bear*, en inspirant l'Ideal Toy Corporation, qui se mit immédiatement à produire des oursons bruns. Son succès fut immense et il devint un véritable phénomène de société. Les usines le fabriquèrent par milliers, et même millions aux États-Unis, avant que l'idée ne s'exporte en Allemagne et en Angleterre, dès 1906. La France attendit la fin de la Première Guerre mondiale pour s'y mettre.

L'ours fait maison fut au faîte de sa gloire pendant la Seconde Guerre mondiale et l'après-guerre, presque tous les fabricants ayant dû cesser leurs activités.

vendredi 18	samedi 19	dimanche 20	SEMAINE 11
lever 07 h 02, coucher 19 h 10, + 3	lever 07 h 00, coucher 19 h 12, + 3	lever 06 h 58, coucher 19 h 13, + 3	mars 2022
Cyrille	Joseph	PRINTEMPS Herbert	

· DICTON · *En mars, la verdure est de mauvaise augure.*

La VIOLETTE

Cette petite fleur discrète au délicat parfum est utilisée, bien sûr, en parfumerie (son parfum aurait un effet aphrodisiaque) mais aussi en confiserie – les fleurs fraîches cristallisées font de délicieux bonbons fabriqués à Liège ou à Toulouse.

Jadis, dans le domaine de la santé, on soignait avec elle les maux de tête, l'insomnie, la mélancolie; on l'utilisait aussi pour guérir l'acné et les infections de la peau.

Elle est une alliée contre les bronchites et autres inflammations des voies respiratoires et fait partie de la traditionnelle « tisane des 4 fleurs (qui en comprend sept!) contre la toux.

La pensée est de la même famille que la violette; il en existe une multitude de variétés.

La violette est la fleur des amants, le symbole de leur amour secret… En offrant des violettes, vous passez un message simple: « Je ne pense qu'à toi »…

Le nom de violette de Parme – l'une des 550 espèces de viola – lui aurait été donné en l'honneur de l'impératrice Marie-Louise qui devint duchesse de cette possession autrichienne après la chute de l'Empire français.

Les JEUX DE QUILLES

Jeu traditionnel très ancien, le jeu de quilles n'apparut en France qu'au XIVe siècle. Les quilles étaient alors renversées à l'aide d'un bâton. Les boules ne feront leur apparition qu'à partir du XVIIe siècle. Initialement jeu populaire, il sera ensuite pratiqué par toutes les classes de la société. Les jeux de quilles varient, selon les régions, tant par le nombre de quilles utilisées que par les règles qui les régissent. Deux grandes catégories de jeux existent: les jeux directs (envoi direct des boules sur les quilles) et les jeux indirects (la boule est dirigée sur un obstacle qui la renvoie sur les quilles). Dans les jeux directs, la boule peut être envoyée à la volée, en roulant ou en glissant; ce dernier cas nécessite des pistes particulières.

Les jeux les plus nombreux se jouent à 9 quilles.

Supplanté par le jeu de boules, le jeu de quilles s'est aujourd'hui retranché sur les pistes de bowling, un jeu qui nous est venu d'outre-atlantique.

TRUCS & ASTUCES

Si vos ongles sont fatigués ou cassants, il suffit de les frotter avec une gousse d'ail cru. Vous pourrez enlever l'odeur en vous frottant ensuite les mains avec du persil.

HUMOUR

— « Dis, papa, où es-tu né ? »
— « à Paris »
— « et maman ? »
— « à Reims »
— « et moi qui suis né à Toulouse; c'est une chance qu'on se soit rencontré tous les trois ! »

lundi 21	mardi 22	mercredi 23	jeudi 24
lever 06 h 56 coucher 19 h 14, + 3	lever 06 h 54 coucher 19 h 16, + 3	lever 06 h 52 coucher 19 h 17, + 3	lever 07 h 50 coucher 20 h 18, + 3
Clémence	Léa	Victorien	Catherine de Suède

· DICTON · *Autant de brouillard en mars que de gelées en mai.*

Les foires de Rouillac se tiennent encore le vingt-sept du mois et connaissent toujours une grosse affluence. Guy Partaud, d'Aigre et André Rataud, de Souvigné, deux vagues cousins éloignés, s'y retrouvent régulièrement. Ils en profitent pour aller trinquer au café de la place et pour échanger des nouvelles de la famille:

Dis-me don Guy, ton ghendre qu'a marié ta drôlesse de Lucette, qu'é-t-ou qu'i' devint?

– Oh, i' vint d'êt' noumé ghendarme en Chérente Maritime, à… attends, jhe me rappelle pu, un nom en «ac» bin sûr…

– Archiac? Propose André. - Non… - Jhonzac? - Non… - Ghémozac? - Non… - Préguillac? Non…

– Saint Jhean d'Angély? - Voélà, tout jhuste!»

Tranquillement installés sur une barque flottant au gré de la Charente, entre Aunac et Luchères, Abel Marsaudon et son beau-frère devisaient en philosophant sur le sens de la vie:

«Un chouse est çartaine, dit Abel, o l'est qu'on sait pas ce qui se passe après la mort.

– Oh bin si, répond son beau-frère, soit on enterre le gârs ou la fumelle, soit on l'incinère.»

Alberte Audouin avait fait une belle cueillette de champignons dans les bois de Ruffec ce jeudi matin d'octobre. Sortant du bois, elle emprunte le chemin de Nouzières et croise alors l'instituteur de Taizé-Aizie qui profitait de son jour de congé pour se livrer à la même activité. Ils comparent leurs récoltes: le maître d'école ne pouvait se prévaloir que d'une maigre cueillette au fond de sa poche «Leclerc»… tandis qu 'Alberte, toute fière exhibait une cueillette haute en couleurs: des mauves, des rouges tachetés de blanc, des jaunes livides, des vert-de-gris… L'instituteur, possédant quelques notions d'érudition en matière de mycologie, est proprement effaré en découvrant le contenu du boutillon de la mère Audouin:

«Vous n'avez quand même pas l'intention de manger ces champignons, Madame Audouin?

– Oh foutre non, répond-elle, o y'a pas de dangher; o l'est pas peur les mangher, o l'est peur lés vend' à la foère de Ruffec lundi prochain!»

vendredi 25	samedi 26	dimanche 27	SEMAINE 12
lever 07 h 48, coucher 20 h 20, + 3	lever 07 h 46, coucher 20h 21, + 3	lever 07 h 44, coucher 20 h 22, + 3	*mars* 2022
Humbert	Larissa	Habib	

CARTE DU CIEL

LE CIEL VISIBLE VERS LE 15 MARS À MINUIT

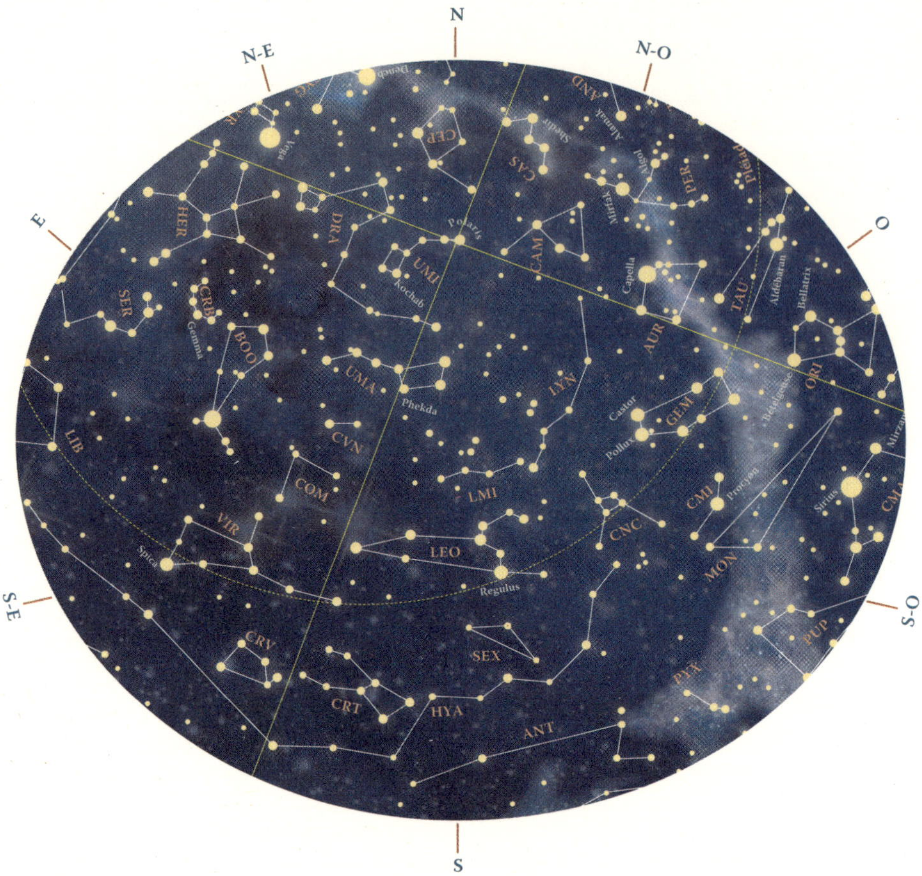

En mars, vous pourrez voir les contellations suivantes : le Cygne, le Lézard, Andromède, le Triangle, le Bélier, Persée, Cassiopée, Céphée, le Dragon, la Petite Ourse, la Girafe, le Cocher, le Lynx, la Grande Ourse, les Chiens de chasse, le Petit Lion, la Chevelure, le Bouvier, la Couronne boréale, Hercule, le Serpent, la Vierge, le Lion, le Cancer, les Gémeaux, le Taureau, la Baleine, Eridan, Orion, le Lièvre, le Grand Chien, la Poupe, la Boussole, L'Hydre femelle, la Coupe, le Corbeau, le Petit Chien.

lever 07 h 42
coucher 20 h 24, + 3

lundi **28**

Gontran

lever 07 h 41
coucher 20 h 25, + 3

mardi **29**

Gwladys

lever 07 h 39
coucher 20 h 27, + 3

mercredi **30**

Amédée

lever 07 h 37
coucher 20 h 28, + 3

jeudi **31**

Benjamin

SUDOKU

					9			2
					6		5	
	3	9			7	6		1
					1	4		9
				2		7	3	6
8	2		5				9	
3		7				1		
5								

	8			6	3	5	7	
	4	7			2		1	
	2					6		1
8		5						9
							3	
		9				3		
6			9					
		1		4	5	9		7

	1	5	7			3		4
	2	6	5				9	
	7		3					6
			1					
		1		7		8		
	3					5		
6	5				8	1		2
				9		4		

				3	2	5		8
				4		9		
	8							
		4		2	7	3		9
7	9							
								2
5			3	8	9		4	1
	1		4				5	
		7			5			

Mes notes

Avril 2022

« En avril, ne te découvre pas d'un fil… » Le quatrième mois du calendrier est pourtant celui de l'amour, des plaisirs et de la beauté, puisque son nom latin, *aprilis*, qui signifie « ouvrir », rend hommage à la déesse Aphrodite. Mois de la légèreté qui s'ouvre, dans chaque région de France mais aussi dans de nombreux pays, par le « jour des Fous », de tradition païenne, où circulent blagues et canulars, notamment dans la presse, et poissons d'avril dans le dos des personnes à qui l'on veut jouer un tour.

Mes notes

Mes notes

· DICTON · *En avril, le sureau doit fleurir, sinon le paysan va souffrir.*

Près du village de Saint Sornin (17), la tour de Broue est le seul vestige d'un château féodal érigé sur la colline du Puy et dominant l'ancien golfe de Brouage. On raconte que vécut là un terrible seigneur, immensément riche grâce au trafic maritime intense dans le golfe, mais aussi cruel et irritable. Il n'avait qu'une fille et elle était en âge de prendre époux… cependant le seigneur ne voulait pas confier la main de son unique fille à n'importe quel gendre improbable. Il avait donc imaginé un moyen de sélection particulièrement retors afin d'écarter déjà les plus timorés : Il fit savoir à tous les prétendants (et Dieu sait qu'elle n'en manquait point, étant fort belle en plus d'être fort riche) se présentant au château qu'ils auraient à subir une épreuve : on leur offrirait un plateau sur lequel seraient déposés deux billets pliés en quatre ; sur l'un d'eux serait écrit le mot « VIE » et sur l'autre le mot « MORT ». Si le hasard faisait tirer au prétendant le mot « VIE », ce dernier avait la vie sauve, il épousait la fille du seigneur et devenait l'héritier de son immense fortune… si au contraire il tirait le mot « MORT », il serait alors exécuté sur le champ.

Aucun prétendant ne voulut courir le risque, jusqu'au jour où Arthur, une jeune « galope-chenaux » des marais de Brouage, un vagabond sans foi ni loi, vivant de rapines et de mendicité, décida de relever le défi : il se rendit au château pour subir l'épreuve !

Le seigneur était fort embarrassé ; il ne pouvait se renier aux yeux du peuple en refusant de faire passer l'épreuve… mais de là à donner sa fille et sa fortune à un vagabond… Il demanda donc à Arthur de revenir le lendemain…cela lui donnait le temps de réfléchir. C'est en effet au cours de la nuit qu'une idée machiavélique lui vint en tête : il allait tout simplement rédiger les deux billets de semblable façon, en y inscrivant le mot « MORT ». Il condamnait ainsi irrémédiablement le vagabond et son honneur était sauf.

Le lendemain, Arthur revint au château, toujours bien décidé à tenter sa chance. On lui présenta le plateau d'argent avec deux billets pliés en quatre… Brusquement, avant que quiconque ait pu réagir, il saisit un des billets, en fit une boulette qu'il porta à sa bouche et avala sans même prendre le temps de mâcher !

« Grand Dieu, qu'as-tu fait, misérable ? s'écria le seigneur, comment veux-tu qu'à présent nous connaissions ton choix ?

– Oh, très simplement Monseigneur : en dépliant le billet restant sur le plateau… et par déduction vous saurez quel billet j'avais choisi avant de l'avaler ! »

Le seigneur de Saint Sornin se dit alors que ce « galope-chenaux », en plus d'être intrépide, était sans aucun doute fort habile homme…et qu'il méritait bien d'épouser sa fille.

On dit qu' Arthur devint un seigneur fort juste, fort bon et fort apprécié de son peuple.

· DICTON · *Quant on a un sou dans sa poche le 1er avril, on en a toute l'année.*

Émile et Louis étaient amis et presque voisins; deux vieux célibataires endurcis. Émile avait sa ferme sur la commune de Ranville Breuillaud et Louis sur celle de Barbezières. Ils avaient tous deux acheté une vache, le même jour, à la foire de Rouillac. Par commodité et par économie, ils avaient mis les deux vaches à paître dans un même pré, derrière la grange d'Émile. Une fois les vaches enfermées dans leur enclos, chacun était rentré chez soi en fin de journée.

Une heure plus tard, Émile lisait tranquillement «l'Agriculteur Charentais», quand Louis vient toquer à sa porte:

«Té, Louis asteure; et qu'é-t-ou qui t'ameune? Dit Émile en ouvrant à son ami.

– Eh bin jh'arrête pas de penser à ine chouse: nos deux vaches que jh'avons mises ensemblle... comment allons-jhi les recounaître l'une de l'autre?

– Ah... t'as raison, mon Louis. Attends, il saisit un grand couteau de cuisine, seugue-me!»

Les voilà tous deux partis vers le pré. Arrivé là, Émile se dirige vers une vache et lui tranche l'oreille gauche. Émile, voyant cette vache à l'oreille tranchée, est d'abord suffoqué, puis, reprenant ses esprits, se dit que finalement la vache n'en a que plus d'allure... et, par mimétisme, il sort son Opinel de sa poche, et tranche à son tour l'oreille gauche de l'autre vache.... Et rentre chez lui.

Une bonne heure s'écoule encore, Émile finissait de faire godaille dans son assiette à calotte, quand Louis vient de nouveau toquer à sa porte:

«Ah, encore toé, Louis; et qu'é-t-ou qui t'arrive encore?

– Eh bin, o me tracasse: nos deux vaches qui sont ensemblle, et qu'avant toutes deux ine oreille copée, comment allons-jhi les recounaître l'une de l'autre?

– Fan d'yarce, oué; t'as teurjhou raison... attends... seugue-me!» Et par la même opération Émile tranche l'oreille droite de sa vache...immédiatement imité par Louis qui trouve qu'une vache avec les deux oreilles en moins paraît finalement dix ans plus jeune! Et il retourne au logis d'un pas léger.

Un nouvel interlude d'au moins deux heures s'écoule. Émile écartait les bâlins pour y glisser une brique chaude avant de se mettre au lit, quand Louis vient toquer pour la troisième fois:

«Jhe me doutais qu'o l'était encore toé, dit Émile, passablement agacé. As-tu encore un pet de travers? Qu'é-t-ou qui t'empêche de dormi, asteure?

– Eh bin jh'y pense tout le temps: nos deux vaches qui sont toutes deux dans le même pré, et qu'avant toutes deux les deux oreilles copées... coument allons-jhi les recounaître l'une de l'autre?

– Ah, tu sais que tu coumences à me vasser, le Louis, avec tes questions. Écoute, jh'avons qu'a dire ine chouse: la vache bianche, o s'ra la meune... et la vache négue, o s'ra la teune!»

vendredi 1er	samedi 2	dimanche 3	avril 2022
lever 07 h 35, coucher 20 h 29, + 3	lever 07 h 33, coucher 20 h 31, + 3	lever 07 h 31, coucher 20 h 32, + 3	SEMAINE 13
Hugues	Sandrine	Richard	

· DICTON · *Au sept d'avril, après le coucou, c'est le rossignol qui chante.*

« Mais qu'é-t-ou que t'as à brailler de même, mon p'tit Cloclo ? Disait Lucie au petit garçon de sa voisine, entrain de pleurer à chaudes larmes, accroupi sur le perron de sa maison.
– O l'est ma meumé qui m'a dit que jh'étis né dans un chou !
– Bin oué, sans doute, fit Lucie, coume tous les p'tits gâs... et alors ?
– Eh bin, quand jhe voés toutes thiés cagouilles qui galopant peurtout, jhe me dis que jh'aurais bin pu me faire dévorer par une... et o me fait v'ni les larmes aux zeuils ! »

Le docteur Lafosse était allé visiter un patient près de Segonzac : Monsieur Bertrand, propriétaire de vignobles en Grande Champagne. Tout en rédigeant l'ordonnance pour un traitement d'ulcère à l'estomac, le médecin se permit de placer une petite « leçon de morale » à destination de « l'exploitant » agricole :
« Vous trouvez ça normal, Monsieur Bertrand, de sous-payer des travailleurs, sous prétexte qu'ils sont en situation irrégulière et qu'ils ne comprennent pas le français ?
Et le viticulteur de répliquer :
– Et vous trouvez ça normal, Docteur, de prend' dau pognon à dés ghens, sous prétexte qu'i' sont malades ? »

Cela faisait un sacré bout de temps que Lucas n'avait pas mis les pieds à la foire de Baignes, aussi fut-il accueilli « comme le messie » quand il fit son entrée au bistrot de la place :
« Té, v'là nout' ami Lucas... o fait mé de six mois que jhe t'avions pas vu, dit son copain Hubert, et coument qu'o va, à la maison... la famille ?
– Oh, châ p'tit. Jh'avions ma pauv' belle-mère Simone qu'avait un bin mauvais mal dans le jhabot, et jhe nous faisions bin du souci pendant quéq' jhours... al' a fini par succomber...
– Ah, eh bin, tant mieux... Tu voés tout fini peur s'arrangher ! »

Le neveu du père Boiteau était conducteur-routier. Il lui arrivait de faire parfois des trajets importants.... Même jusqu'à l'étranger ; trajets qui s'étalaient alors sur plusieurs jours.
Eugène Boiteau, lui, n'avait jamais conduit plus de soixante-dix kilomètres d'affilée, pour emmener sa femme Andrée au bord de la mer, à Fouras, une fois par an.
« Et qu'est-ou que tu fais quand tu doés rester toute ine jhornée darrière ton volant ? Demanda-t-il un jour à son neveu.
– Ah, au volant, jhe somnole. Que veux-tu que jhe fasse d'aut' pendant huit heures ! »

lever 07 h 29
coucher 20 h 33, + 3

lundi 4

Isidore

lever 07 h 27
coucher 20 h 35, + 3

mardi 5

Irène

lever 07 h 25
coucher 20 h 36, + 3

mercredi 6

Marcellin

lever 07 h 23
coucher 20 h 37, + 3

jeudi 7

Jean-Baptiste de La Salle

· DICTON · *À la Saint-Fulbert, on reçoit les giboulées pour l'hiver.*

Dans l'Almanach 2021, j'évoquais la mémoire de mon voisin d'Arbrecourt, Paul Duret, parti faire s'esbaudir les saintes âmes du paradis des charentais. Lors des réunions festives des « Gens d'Arbrecourt », Paul était immanquablement sollicité pour raconter l'histoire de « La mère Simounelle »... et il ne se faisait pas prier longtemps pour se plier aux sollicitations ! L'histoire serait trop longue à raconter ici et n'aurait pas la saveur d'un texte dit « de vive voix » par Paul.

En voici un bref résumé : Pour la fête des Rameaux, il était d'usage d'apporter un pain ou une brioche à l'office dominical afin de les faire bénir par le curé, et les partager ensuite avec la communauté des fidèles. La mère Simounelle avait donc confectionné une belle brioche avec ce qu'il lui restait de farine et d'oeufs. Elle l'avait déposée près du maître autel, à côté des autres, puis était allée s'asseoir à son banc pour la durée de l'office, se renfermant dans sa bulle de surdité.

En effet, la mère Simounelle était sourde comme une vieille cruche à huile.

Au moment du sermon, elle en était au sommeil paradoxal, quand elle laissa échapper, par inadvertance, une flatulence énorme, conséquence d'une consommation intensive de mojettes de Pont l'Abbé la veille au soir. La voûte de la vénérable église en trembla, paraît-il !

Le curé et les paroissiens en sursautèrent de surprise et tous les regards convergèrent vers la « présumée coupable ». La mère Simounelle, avertie par instinct, ouvrit les yeux à ce moment et prit soudain conscience que « quelque chose la concernant » avait dû se passer. Devant l'air réprobateur du prêtre et de l'assistance, elle crut que l'on évoquait son pain béni... sans doute pas pas aussi gros cette année que les années précédentes, ne laissant peut-être pas à chacun le loisir d'avoir sa part...

et elle déclara à la cantonade :

« Ah ma foé, que voulez-vous, si jh'aurais pû, jhe l'aurais fait bin pu grous... mais o faut m'esscuser, jh'avais pas mé de pâte ! »

vendredi 8	samedi 9	dimanche 10	SEMAINE 14
lever 07 h 21 coucher 20 h 39, + 3	lever 07 h 19 coucher 20 h 40, + 3	lever 07 h 17 coucher 20 h 41, + 3	*avril* 2022
Julie	Gautier	Fulbert	

· DICTON · *Quand avril est froid et pluvieux, Les moissons n'en vont que mieux.*

Lorsque Paul Duret nous a quittés, tous les les habitants du hameau se sont cotisés pour lui offrir son « dernier voeu » : il souhaitait que ses cendres fussent déposées dans son bois, en face de sa maison, en un trou où l'on planterait un arbre « avec des feuilles rouges à l'automne » avait-il bien précisé, sans autre indication d'espèce.
On acheta donc une variété d'érable du Canada chez l'arboriculteur du Gua ; un petit-fils creusa le trou,
la belle-fille vida le contenu de l'urne funéraire au fond du trou et, avant de planter l'arbre, quelqu'un versa un grand seau d'eau afin que les racines s'imprègnent plus facilement de la « nourriture terrestre ». L'eau mettant un certain temps avant d'être totalement bue par la terre sablonneuse, les cendres se mirent fatalement à flotter en surface… C'est alors que Josette Duret, la veuve de Paul, qui ne manquait pas d'humour elle non plus, déclara :
« Mon pauv' Paul, toi qui n'as jamais bu que du vin toute ta vie, quand je te vois dans toute cette eau !!!... »
NB/ Histoire certifiée authentique devant toute la communauté d'Arbrecourt.

Serge Bouffard, d'une ferme de la banlieue de Brossac(16), comparaissait pour la énième fois devant le juge d'instruction du tribunal d'Angoulême pour faits de violence conjugale.
« Mais enfin, Monsieur Bouffard, lui dit le juge, il faut vous calmer ou vous faire soigner… le rapport de gendarmerie précise que vous avez une fois de plus porté la main sur votre femme lors d'une dispute conjugale fortement alcoolisée…
– Porté la main ! Ah ça çartainement pas, Môssieu le jhuge ; jh'étis p'têt' saoul, mais jhe me rappelle bin que jh'ai teurjhou pris un bâton !

Jacqueline et Mathilde, deux vieilles amies se retrouvent régulièrement à la sortie de la grand messe, sur le parvis de l'église de Jarnac :
« As-tu entendu la nouvelle ? Demande Jacqueline.
– Non. Qu'est-ou qu'o y'a ?
– O l'est affreux, ma boune : la vieille mère Rabraud est morte de frét. I' l'aviant oubliée toute la neut dans le parc de l'EHPAD! Al' avait de l'Azheimer, à ce qui paraît.
– D'après ce que tu me dis, o l'est pas la mère Rabraud qu'avait l'Alzheimer… o l'est putout les infirmières ! »

lundi 11	mardi 12	mercredi 13	jeudi 14
lever 07 h 16, coucher 20 h 43, + 3	lever 07 h 14, coucher 20 h 44, + 3	lever 07 h 12, coucher 20 h 46, + 3	lever 07 h 10, coucher 20 h 47, + 3
Stanislas	Jules	Ida	Maxime

· DICTON · *Fleur d'avril ne tient qu'à un fil.*

Julien Mottard possédait un carrelet au pied de la falaise de la pointe du Caillaud. Ce carrelet était son havre de paix, son petit paradis… il l'avait baptisé « entre terre et mer ». C'était en effet le seul lieu au monde où la mère Mottard lui lâchait les sabots ! Alberte Mottard, sa femme, deux cent cinquante livres, aussi large que haute… et elle était très haute ! Qui plus est méchante comme la gale et jalouse comme un pou.

Cependant la cuirasse du dragon avait une faille : Alberte Mottard était sujette au vertige, le simple, banal vertige d'une chaise bancale ou d'une échelle de meunier. On comprend alors pourquoi ce carrelet était un paradis pour Julien : c'était en effet le seul lieu où, vaincue par un vertige lui interdisant les rolons de l'échelle et le franchissement de la passerelle, elle abdiquait toute surveillance. Donc, chaque soir où la marée était favorable, Julien partait seul s'enfermer dans sa cabane. Il allumait sa lanterne — qu'il suffirait d'agiter plus tard au bout d'une corde au-dessus du filet pour y attirer une multitude de poissons divers – retirait la cheville qui bloquait le treuil, laissait le câble se dévider et n'avait plus qu'à attendre quelques minutes avant de rembobiner.

Ce soir-là, lorsque le cadre métallique soutenant le filet sortit de l'eau, le poids se fit si lourd que Julien dut forcer à deux mains sur la manivelle pour hisser l'ensemble à bonne hauteur… une énorme bestiole devait y être retenue prisonnière ! Julien bloqua le mécanisme, reprit son fanal, s'avança sur le petit balcon dominant le filet : « Oh nom de Guieu !.. À la lueur de la lanterne, Mottard découvrait sa « pêche miraculeuse » : une sirène digne de Monsieur Andersen… des cheveux d'algues, des yeux couleurs d'océan… et il se mit à fantasmer, se voyant amasser une fortune en exhibant sa sirène sur les foires avoisinantes, quand la petite sirène ouvrit la bouche :

— Monsieur, s'il vous plaît, relâchez-moi ; vous savez bien qu'en dehors de mon élément je ne pourrai survivre… si vous me relâchez, je vous promets de revenir ici chaque soir me laisser prendre dans votre filet, et je vous dirai mille histoires du fleuve et de l'océan… » Deux grosses larmes coulèrent des yeux de la sirène…et le cœur de Julien craqua : il libéra sa prise lui donnant rendez-vous pour le lendemain soir.

Elle tint sa promesse ; soir après soir, ils étaient tous deux fidèles aux rendez-vous. La sirène contait le fleuve et la mer et Julien s'épanchait sur sa misérable vie de couple… mais le produit des pêches diminuait jour après jour, et il avait de plus en plus de difficultés pour justifier la chose auprès d'une Alberte de plus en plus suspicieuse…tant et si bien qu'un soir elle réussit à suivre son mari jusqu'au carrelet, sans se faire remarquer, et qu'elle découvrit le pot aux roses.

Elle jura de se venger de son infortune et mit sur pied un plan machiavélique : le lendemain, elle prépara un grand bol de tisane qu'elle fit boire à Julien, pour soigner ses brûlures d'estomac, dit-elle. Julien but jusqu'à la lie et s'endormit aussitôt d'un profond sommeil. Puis, chargée d'un harpon et d'un grand sac en toile de jute elle retourna au carrelet. Au prix d'efforts surhumains elle lutta contre son vertige et parvint à la cabane. Elle examina le mécanisme, nettoya la lanterne et attendit le soir. Une fois la nuit tombée, elle attacha le fanal à la balustrade… juste à hauteur d'yeux et actionna le treuil pour faire descendre puis remonter le filet.

lever 07 h 08
coucher 20 h 48, + 3

vendredi 15

Paterne

lever 07 h 06
coucher 20 h 50, + 3

samedi 16

Benoît-Joseph

lever 07 h 05
coucher 20 h 51, + 3

dimanche 17

PÂQUES
Anicet

SEMAINE 15

avril 2022

· DICTON · *Chaque goutte d'avril en vaut mille.*

(suite du conte semaine 15)
Aveuglée par la lueur du fanal, la sirène ne vit pas venir le coup qui l'estourbit tout net.
Alberte Mottard fourra sa prise dans son sac et retourna au logis, le cœur un peu vidé de sa haine.
Le lendemain matin, elle attendait Julien dans sa cuisine ; un grand fait-tout trônait sur la table, il en émanait une douce odeur de court-bouillon.
Julien apparut enfin, la démarche un peu mollassonne, la bouche pâteuse, mais les papilles en éveil. Sa femme lui servit un long filet de poisson blanc aromatisé par le court-bouillon. Julien n'en revenait pas des attentions de l'Alberte ; comme il était affamé, il commença à manger avec voracité ; Alberte le regardait faire, un sourire goguenard accroché à son visage :

« Est-ou bon, thieu poésson, Mottard ?
— Ma foé oui. Qu'é-t-ou qu'o l'est ?
— T'as pas d'viné ?
— Ma foé, non.
— Eh bin, tu vins de bouffer ta sirène, mon cochon !
— Nom de Guieu, t'as pas pu fére ça, dis ?
— Non ? Bin, si tu me crés pas, va don dans le caghibi ; tu pourras teurjhou fére empailler le reste ! »
Mottard se précipita vers le cagibi… il vit le sac en toile de jute marqué de taches brunes de sang séché ; alors il comprit tout… la tisane, le sommeil, les attentions de la mère Mottard. Une bouffée de haine le submergea ; il saisit la hache toute proche… et pas plus que la petite sirène, Alberte ne vit d'où venait le coup terrible qui lui fit rendre au diable l'âme qu'il lui avait confectionnée pendant quarante années de sa vie partagée avec Julien.

Julien quitta sa maison et sa terre de Saintonge en emportant les restes de sa sirène. Il marcha jusqu'au fin bout de la Pointe Espagnole. Là, il creusa un trou profond dans le sable et enterra sa sirène. On raconte qu'au lendemain de l'inhumation un rosier a poussé juste à l'emplacement du trou… Un rosier qui produit les fleurs les plus belles et les plus rouges qu'on puisse imaginer.
À vous de le découvrir.

Barthélémy Gautier fut un immense dessinateur de l'âme et de l'esprit des charentais ; il était né à Pons, à la fin du XIXe siècle et résida quelques temps à Mazerolle. Voici la traduction d'un de ses croquis : La Lisette sanglotait, le tête dans les mains, les coudes appuyés sur un coin de la table de la cuisine, devant un Jean-Pierre penaud, debout, les bras ballants. Elle venait d'apprendre que son fiancé l'avait trompée avec cette « garce de Suzette Sussin », qui en plus n'était même pas belle, et qui était affligée d'un affreux zozotement (handicap très gênant lorsqu'elle était amenée à épeler son nom) !
« Tu m'avais dit que tu m'aimerais teurjhou, répétait Lisette entre deux sanglots.
— Teurjhou… teurjhou… peut-êt', dit Jean-Pierre en guise d'excuse, mais pas tout le temps ! »

lever 07 h 03
coucher 20 h 52, + 3

lundi 18

LUNDI DE PÂQUES
Parfait

lever 07 h 01
coucher 20 h 54, + 3

mardi 19

Emma

lever 06 h 59
coucher 20 h 55, + 3

mercredi 20

Odette

lever 06 h 58
coucher 20 h 56, + 3

jeudi 21

Anselme

· DICTON · *Lune d'avril nouvelle ne passe pas sans gel.*

Le même Barthélémy Gautier représente sur un dessin un vieux paysan de Haute Saintonge, solidement planté devant un jeune « gâs de la ville » en tenue bourgeoise… sans doute un étudiant de la ville voisine venu, pendant ses congés de Toussaint, fleurir la tombe de ses parents au cimetière du village.

Le jeune homme a tout à fait l'air d'un premier communiant à côté de son interlocuteur :

« O me fait tout drôle, dit le vieux, de vous voér de même, tout chéti et gringalet… Vout' papa et vout' moman étiant peurtant bin monstrueux ! »

D'après un troisième croquis de Barthélémy Gautier : La jeune Suzon, de Barzan avait été engagée comme servante par le patron d'une grosse minoterie de Mortagne-sur-Gironde. En dépit des remontrances de sa patronne, Suzon avait les plus grandes difficultés à se débarrasser de son patois atavique. Un jour un visiteur se présente au logis du minotier et demande à être reçu par le directeur.

« M'en vas seurcher le patron, dit Suzon.

– Seurcher ? Interroge le visiteur, avec une pointe d'accent bordelais.

– Ouais ; m'en vas le qu'ri, si vous préférez.

– Le qu'ri ? s'inquiète-t-il, de plus en plus perplexe.

– Oh, si o faut parler en bon français asteure… M'en vas li dire qu'o faut qu'le veune ! »

Une anecdote qui m'a été certifiée authentique,et personnellement contée par le médecin traitant (dont je tairai bien entendu le nom, ainsi que celui des autres protagonistes).

Bertrand Goulard était tombé d'une branche de pommier sur laquelle il s'était assis afin de la scier plus facilement à ras le tronc (D'habitude, c'est le genre de chose qu'on voit sur des bandes dessinées sans vouloir y croire… Eh bien Bertrand l'avais mis en pratique !).

La colonne vertébrale ayant été sérieusement endommagée dans la chute, Bertrand se retrouvait cloué au lit avec un corset de plâtre qui l'emprisonnait pratiquement de la nuque au bassin.

Son épouse, Yvette Goulard, née Couillaud, une mégère de deux cent cinquante livres au bas mot,

le menton sur les seins, les seins sur le ventre, le ventre sur les genoux et les genoux par-terre, est amenée, environ trois mois plus tard, à aller consulter le médecin du bourg pour des maux de ventre. Stupéfaction du docteur Métais, le médecin de famille :

« Madame Goulard, déclare-t-il après examen, vous n'êtes pas malade… vous êtes enceinte !…

(Ce n'était jamais que le onzième de la nichée) Mais je croyais que votre mari était plâtré quasiment de la tête aux pieds ?

– Oh oui Docteur, répond Yvette, mais « thieu », o l'était pas dans l'plâtre ! »

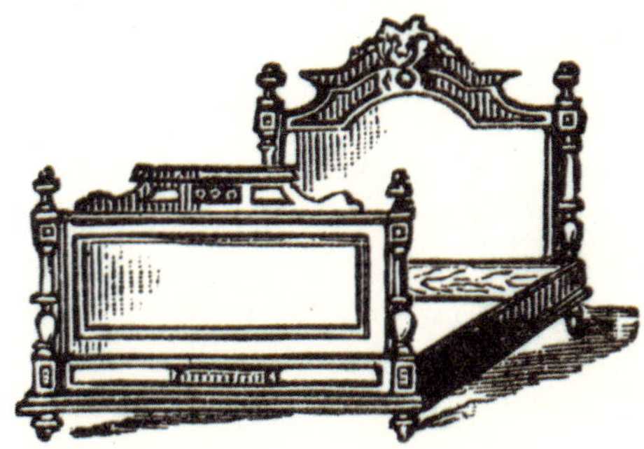

lever 06 h 56
coucher 20 h 58, + 3

vendredi 22

Alexandre

lever 06 h 54
coucher 20 h 59, + 3

samedi 23

Georges

lever 06 h 53
coucher 21 h 00, + 3

dimanche 24

Fidèle

SEMAINE 16

avril 2022

CARTE DU CIEL

LE CIEL VISIBLE VERS LE 15 AVRIL À 1 H

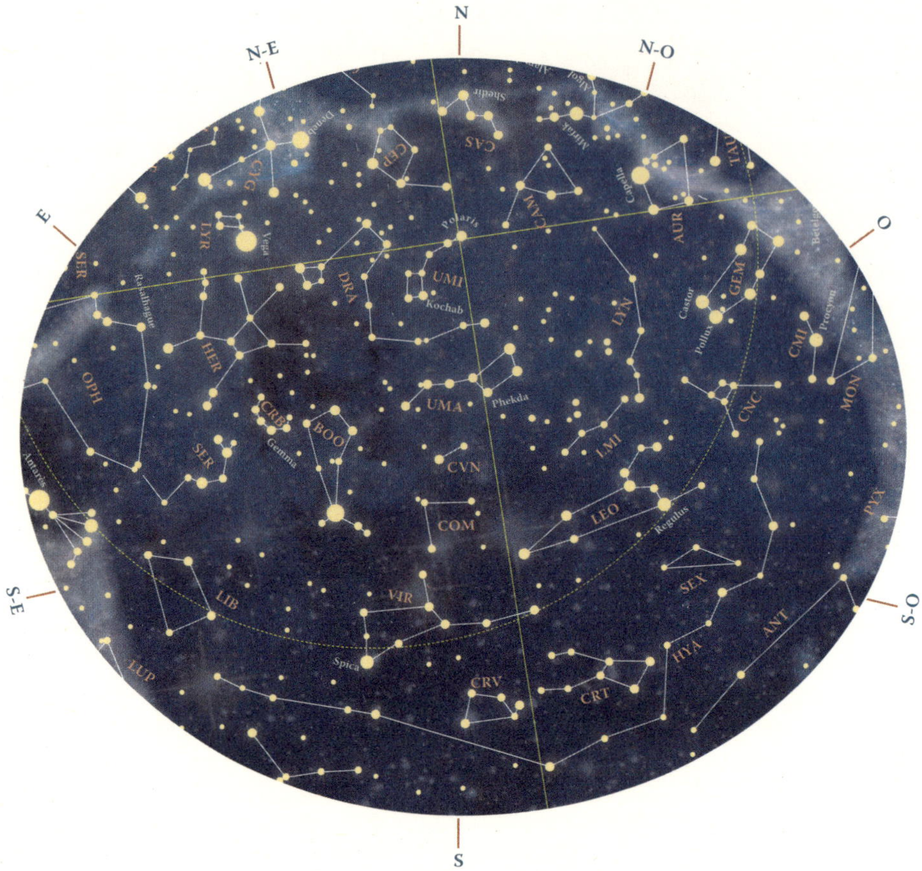

En avril, vous pourrez voir les constellations suivantes : le Lézard, le Cygne, la Lyre, le Lynx, Hercule, le Serpent, Ophiuchus, la Couronne boréale, le Bouvier, la Chevelure, les Chiens de chasse, la Grande Ourse, le Petit Lion, le Dragon, la Petite Ourse, Céphée, Cassiopée, la Girafe, Persée, Andromède, le Cocher, les Gémeaux, le Taureau, le Cancer, le Lion, la Vierge, la Balance, le Corbeau, la Coupe, l'Hydre femelle, le Petit Chien, la Licorne, Orion, le Grand Chien, la Poupe, la Boussole.

lever 06 h 51
coucher 21 h 02, + 3

lundi 25

Marc

lever 06 h 49
coucher 21 h 03, + 3

mardi 26

Alida

lever 06 h 48
coucher 21 h 04, + 3

mercredi 27

Zita

lever 06 h 46
coucher 21 h 06, + 3

jeudi 28

Valérie

MOTS FLÉCHÉS

1 2 3 4 5 6 7 8

POSSÉDA GIZEUX
IL EST BEAU AU CHÂTEAU DU RIVAU
ÉVALUA
ALLA EN JUSTICE
JEU CHINOIS
CONDITION
CRIER COMME UN ÂNE
INSTITUT DE L'AUDIOVISUEL
POSSÉDA AU XIVE LE CHÂTEAU DES RÉAUX
ÉCLOSE
PÉTILLANT ITALIEN
CONTRE
FILLE
SYMBOLE DU CÉSIUM
BULBE
LETTRE GRECQUE
FEMMES
POUR UNE SURPRISE
MÉTRO PARISIEN
PAREIL
L'ASTATE AU LABO
CONTESTER
ÉQUERRE
COURRIER ÉLECTRONIQUE
BRUN JAUNE
ANONYME
COPINE
ESPRIT
DÉSERT DE DUNES
OPUS
DEUX CHEZ LES ROMAINS
LABYRINTHE AU CHÂTEAU DU RIVAU
POUR LE COBALT
MOT DE POLITESSE
RESTAURANT À CHENONCEAU
SE RENDRA
OBTENU

Mes notes

lever 06 h 44
coucher 21 h 07, + 3

vendredi 29

Catherine de Sienne

lever 06 h 43
coucher 21 h 08, + 3

samedi 30

Robert

SEMAINE 17

avril
2022

Mai 2022

Mai vient du latin *maius*, célébrant la déesse Maïa, l'aînée des Pléiades dans la mythologie grecque. Période des baptêmes et des communions, mai est un mois joyeux où l'on fête le travail (1er mai), l'armistice de 1945 (8 mai), la Vierge Marie (Ascension et Visitation), et où se forment les couples. On vénère pendant le mois de mai l'esprit de la végétation. Dans les pays de l'Est, il apparaît sous la forme d'un homme couvert de branchages, que l'on appelle le Feuillu. Des quêteurs d'œufs chantent et brandissent des rameaux d'aubépine. En Lorraine, ces quêtes se nomment « trimazos ».

Mes notes

Mes notes

· DICTON · *Le mois de mai de l'année décide la destinée.*

La forêt

En métropole, la forêt couvre actuellement 16,8 millions d'hectares soit 31 % du territoire. Sa superficie a doublé depuis le XIXe siècle ; elle a ainsi retrouvé la surface qu'elle occupait au Moyen-âge.

Il faut 200 ans pour obtenir un chêne de récolte, 2 000 chênes pour la charpente de Notre-Dame de Paris au XIIIe s et 3 à 4 000 chênes pour la construction d'un vaisseau au XVIIe s.

Chaque année la superficie forestière française s'accroît d'environ 30 000 hectares, presque l'équivalent de la forêt d'Orléans. Ainsi, en 200 ans la forêt française a-t-elle doublé de surface. Principalement constituée de feuillus, gérée dans un cadre adapté au long terme de la vie des arbres, la forêt est également une très importante richesse économique. La filière forêt-bois représente en France 500 000 emplois et un chiffre d'affaires de 180 milliards de francs. Une activité comparable à l'industrie automobile.

PORTRAIT DE FEMME

Laure GATET (1913-1943)

Laure Gatet fait des études de pharmacie, avant de s'orienter vers des recherches en biochimie.

Lors de l'occupation de la France pendant la Seconde Guerre mondiale, elle s'engage en tant qu'agent de liaison de la France libre. Elle est arrêtée le soir du 10 juin 1942 et détenue dans plusieurs prisons avant d'être transférée dans le camp d'Auschwitz où elle trouve la mort.

PORTRAIT DE FEMME

EUGÉNIE BOST (1834-1887)

Marie Pauline Eugénie Meynardie de Ponterie-Escot épouse le Pasteur John Bost, de 17 ans son aîné mais qu'elle aime depuis toujours.

Dans l'ombre de son mari, « elle prodigua aux Asiles de La Force son dévouement et sa fortune » et, sans elle, John Bost n'aurait certainement pas pu aller jusqu'au bout de son incroyable projet.

JOUET

Le jeu de la cocotte en papier, aussi appelé « salière » ou « coin-coin »

L'enfant demande à un(e) camarade de choisir un chiffre entre 1 et 10.

Ensuite, l'enfant utilise le pouce et l'index de chaque main pour manipuler le coin coin en l'ouvrant alternativement dans un sens et dans l'autre autant de fois que le nombre choisi par son (sa) camarade.

Il lui présente ensuite le coin coin pour que son (sa) camarade choisisse une couleur.

Il ne reste plus à l'enfant qu'à lire la petite phrase qui se cache derrière la couleur (un compliment, un gage ou une bêtise…).

· DICTON · *En mai, fleurit le hêtre et chante le geai.*

HUMOUR

Tous les 10 ans, d'anciens copains se retrouvent pour passer une bonne soirée ensemble.
Au moment de fêter leurs 40 ans, l'un d'eux propose :
« Allons au restaurant « Chez Pilou », la serveuse est vraiment jolie et porte toujours un chemisier avec un décolleté bien plongeant. »
10 ans plus tard, pour leurs 50 ans, l'un d'eux propose :
« Allons au restaurant « Chez Pilou », on y mange très bien et la carte des vins est excellente. »
10 ans plus tard, quand ils fêtent leurs 60 ans, l'un d'eux propose:
« Allons au restaurant « Chez Pilou », c'est calme et non-fumeur. »
10 ans plus tard, pour leurs 70 ans l'un d'eux propose :
« Allons au restaurant « Chez Pilou », c'est bien adapté aux fauteuils roulants et il y a un ascenseur. »
Dernièrement, ils fêtaient leurs 80 ans et se demandaient où aller. L'un d'eux proposa :
« Allons au restaurant « Chez Pilou ».
Et tous de répliquer : « Bonne idée, nous n'y sommes jamais allés ! »

JOUET

Le **JEU DE CONSTRUCTION** est constitué d'éléments préfabriqués que l'enfant assemble à son gré ou en suivant les directives d'un cahier de modèles. Il réalise ainsi de ses mains un jouet original qu'il devra en général démonter pour en construire un autre. C'est un jeu qui développe l'imagination, la planification des étapes de construction et l'habileté manuelle. On trouve des exemples de ce type de jeu dès le XVIIIe siècle. Il est en général constitué de planchettes de bois mais il peut aussi se présenter sous forme de modèle en carton à découper.

Inspiré par le charme robuste des chalets qui émaillent les montagnes du Jura, Bernard Liégeon conçoit en 1941 un tout nouveau concept de jeu de construction : c'est la naissance de la célèbre « **MAISON FORESTIÈRE** » et du « **CHALET SUISSE** », composés de pièces en hêtre crantées permettant la réalisation de différentes maisons. La marque « **JEUJURA** » sera déposée en 1948.
Mais c'est surtout au début du XXe siècle que les jeux à assemblages de pièces métalliques se développeront. Le meilleur exemple étant le **MECCANO** (1912). L'usage du plastique a également donné naissance à de nouveaux jeux de construction comme le **LEGO** (1954), **CLIPO** ou les **K'NEX** (1993).
Créé par Tom van der Bruggen en 1987, **KAPLA** vient de la contraction des mots néerlandais « KAbouter PLAnkjes » qui signifient « planchettes de lutin » ; il est constitué de simples planchettes à agencer au gré de l'imagination.

lever 06 h 41
coucher 21 h 10, + 3

SEMAINE 17

dimanche 1er

FÊTE DU TRAVAIL

mai
2022

· DICTON · *Quand il tonne en mai, les vaches ont du lait.*

JEU DE SOCIÉTÉ

La Bonne Paye

La BONNE PAYE (Jour de Paye au Québec) est un jeu de société créé en 1874, édité par Parker, et fondé sur un principe mélangeant jeu de l'oie et Monopoly. Les joueurs jettent un dé à tour de rôle pour se déplacer sur le parcours. En fonction de la case où ils tombent, ils doivent tirer une carte, payer ou recevoir de l'argent. Chaque case est une journée du mois, et à la fin du mois, les joueurs reçoivent leur paye et doivent régler leurs factures. Bien que les règles de ce jeu soient très simples, il connaît un grand succès grâce à l'humour des textes et à la qualité des dessins. Une nouvelle version du jeu existe depuis les années 2010 : les graphismes ont été changés et quelques modifications ont été apportées.

PORTRAIT DE FEMME

Melle de La Force (1654-1724)

Charlotte Rose de Caumont La Force, petite-fille du 1er Duc de La Force, est exilée par Louis XIV pour son féminisme avant-gardiste.
C'est un auteur méconnu du XVIIe siècle dont les mérites littéraires égalent largement ceux d'un Perrault. Elle a écrit Persinette, plagié par Grimm (Rapunzel) et repris par Walt-Disney (Raiponce).

PORTRAIT DE FEMME

Annette KELLERMAN (1886-1975)

Sportive, actrice et entrepreneuse, l'australienne Annette Kellerman a su imposer ses idées en bravant les interdits et a ainsi révolutionné la natation, obtenant, non sans acharnement, le port du maillot de bain jusqu'alors proscrit.

JOUET

Le ***Rubik's Cube*** (ou **Cube de Rubik**) est un casse-tête inventé par Ernő Rubik, sculpteur et professeur d'architecture hongrois, en 1974, et qui s'est rapidement répandu sur toute la planète au cours des années 1980. Ce n'est qu'ensuite qu'il eut l'idée (grâce à la suggestion d'un ami) de colorer chaque face d'une couleur différente constatant alors qu'après mélange, l'ordre initial du cube s'avérait extrêmement difficile à retrouver (une chance sur 43 252 003 274 489 856 000 à chaque rotation). Il pensa alors à le commercialiser en tant que « casse-tête » géométrique et mathématique. Il faudra un mois à l'inventeur du Rubik's Cube pour résoudre son propre casse-tête !

lundi 2	mardi 3	mercredi 4	jeudi 5
lever 06 h 40 coucher 21 h 11, + 3	*lever 06 h 38 coucher 21 h 12, + 3*	*lever 06 h 37 coucher 21 h 14, + 3*	*lever 06 h 35 coucher 21 h 15, + 3*
Boris	Philippe, Jacques	Sylvain	Judith

• DICTON • *Au mois de mai, arrache pelisse, chapeau et manteau.*

A.R.A.H.
Association de Recherches Archéologiques et Historiques du Pays de La Force

Créée en 1990, elle a pour but la recherche, l'inventaire, l'étude et la sauvegarde du patrimoine archéologique et historique du «Pays de la Force»

L'ARAH organise chaque année 2 conférences, 2 sorties et publie 2 bulletins.

L'ARAH a édité de nombreux ouvrages :

- *Les croix de chemins et de carrefours du Pays de La Force* – Ouvrage collectif – 2003
- *Mademoiselle de La Force, un auteur méconnu* – Michel Souloumiac – 2004
- *Tombes et cimetières privés du Pays de La Force* – Ouvrage collectif – 2005
- *Le Marquis de La Valette, ambassadeur et ministre du Second Empire* – Michel Souloumiac et Christian Chandon – 2006
- *Le patrimoine de l'eau en Pays de La Force* – Ouvrage collectif ARAH et Mémoire du Fleix – 2009
- *Le canton de La Force* d'après le manuscrit du chanoine Brugière – 2010
- *Le Commandant Pinson – la Résistance en Pays de La Force* – Michel Souloumiac – 2011
- DVD – de Mémoires de Forcelais – 2012
- *Monographies des Communes du Canton de Laforce* – d'après les monographies écrites par les instituteurs du canton en 1912
- *Du Périgord à la Nouvelle France* – Michel Souloumiac – 2013
- *En Mémoire de soldats du canton de La Force «morts pour la France» pendant la Grande Guerre* – ouvrage collectif – 2018

Contact :
A.R.A.H. : Association de Recherches Archéologiques et Historiques du Pays de La Force
Siège : Maison des associations, 3 avenue des Ducs à La Force – 24130
Mail : arah.laforce@sfr.fr

lever 06 h 34
coucher 21 h 16, + 3

vendredi 6

Prudence

lever 06 h 33
coucher 21 h 17, + 3

samedi 7

Gisèle

lever 06 h 31
coucher 21 h 19, + 3

dimanche 8

VICTOIRE DE 1945

SEMAINE 18

mai 2022

· DICTON · *Saint Mamert (le 11), saint Pancrace (le 12) et saint Servais (le 13) sont les saints de glace.*

LA FORCE

Située en Périgord Pourpre, au Sud-Ouest du département, La Force devrait son nom à une forteresse construite primitivement sur ce coteau qui domine la plaine de la Dordogne.

Jacques-Nompar de Caumont (1558-1652), maréchal, duc et pair de France, gouverneur de Béarn, vice-roi de Navarre fut le compagnon d'armes et l'ami d'Henri IV. Il est dans le carrosse du roi, le 14 mai 1610, lorsque Ravaillac porte le coup fatal – Le poignard est resté depuis dans la famille des Caumont La Force. Serviteur de sept rois, il reste jusqu'à sa mort fidèle à sa foi protestante.
C'est à lui que l'on doit les devises de la famille « Fortior cornatur » (on couronne le plus fort) et « Fit via vi » (la force leur montre le chemin).

Il fait édifier, entre 1604 et 1614, le château de La Force, une demeure de style Renaissance pleine d'élégance. À la suite de la révolution, le château est détruit, en 1793, et devient une carrière de pierres – qui servirent, entre autres, à reconstruire le pont de Bergerac disparu durant la grande crue de 1783.
Des vestiges du château, il ne reste que le temple devenu communal et la porte d'accès, appelée « pavillon des recettes » de part et d'autre de laquelle se dressaient autrefois les écuries.
En 2011, le quatorzième duc de La Force fait don à la Municipalité de ce Pavillon, classé Monument Historique en 1932. L'ARAH : Association de Recherches Archéologiques et Historiques se mobilise, depuis sa création en 1990, pour la sauvegarde et la réhabilitation de ce vestige autour duquel s'est édifié le bourg.

Mes notes

lever 06 h 30
coucher 21 h 20, + 3

lundi 9

Pacôme

lever 06 h 29
coucher 21 h 21, + 3

mardi 10

Solange

lever 06 h 27
coucher 21 h 23, + 3

mercredi 11

Estelle

lever 06 h 26
coucher 21 h 24, + 3

jeudi 12

Achille

· DICTON · *Mai sans roses rend l'âme morose.*

JOUET

LEGO, est une gamme de jouets de construction fabriqués par le groupe danois The Lego Group. Elle se compose de briques emboîtables, de figurines et diverses autres pièces. Les briques Lego peuvent être assemblées et reliées afin de construire des objets tels que des véhicules, des bâtiments, des robots, des paysages, etc. Les constructions peuvent être démontées pour créer de nouveaux montages avec les pièces.

Les premiers jouets Lego sont créés en 1932 par un charpentier danois, Ole Kirk Christiansen. Le nom *lego* vient des mots danois *leg godt*, qui signifient « joue bien ».
C'est à cause de la crise de l'époque que Christiansen se reconvertit pour fabriquer des jouets en bois. Mais l'incendie de son usine, la guerre et la mauvaise qualité du bois le poussent vers le plastique.
En 1952, il crée les premières briques en plastique à tenons (les picots) et, après les avoir testées en les donnant à ses enfants, les commercialise en 1954. En 1958, le plastique ABS apporte une amélioration car il est plus résistant et dur. La première figurine a, quant à elle, vu le jour beaucoup plus tard, en 1978.
LEGO est classé en 2014 numéro 1 des jouets vendus dans le monde. En août 2018, Lego lance ses premières pièces en plastique végétal. Conçu dans le laboratoire de recherche de la firme pour répondre à la demande des consommateurs, ce matériau durable est élaboré à partir de canne à sucre.

PORTRAIT DE FEMME

COCO CHANEL (1883-1971)

Gabriel Chasnel est une créatrice, modiste et styliste qui a marqué l'histoire de la mode.

Bien que son comportement lors de la Seconde Guerre mondiale, soit sujet à controverses, elle symbolise l'élégance à la française. En 1915, elle ouvre sa première maison de haute couture et invente une « silhouette neuve » avec des vêtements pratiques pour des femmes dynamiques.

vendredi 13	samedi 14	dimanche 15	mai 2022
lever 06 h 25, coucher 21 h 25, + 2	lever 06 h 24, coucher 21 h 26, + 2	lever 06 h 22, coucher 21 h 27, + 2	SEMAINE 19
Rolande	Matthias	Denise	

· DICTON · *À la Saint-Yves, le beau temps ôte au laboureur ses dents.*

JEU DE SOCIÉTÉ

Le 1 000 bornes

Les jeux de société suivent de très près l'évolution de la société.
Le jeu des 1 000 Bornes est le reflet de l'âge d'or de la voiture individuelle à partir de la fin des années 1950 et son succès ne se dément pas depuis. Édité en 1956 par Dujardin – qui imprimait par ailleurs des codes de la route -, ce jeu de cartes fantaisie fait du joueur un conducteur : mais il ne s'agit pas ici de course de F1, simplement d'un parcours de 1 000 km à boucler le premier. S'agirait-il de la distance qui sépare Paris et la Côte d'Azur par la fameuse nationale 7, symbole des vacances ?

TRUCS & ASTUCES

Pour décoincer une fermeture-éclair, frotter les dents avec une mine de crayon à papier.

Entourer les tiges des bananes avec du papier cellophane pour les garder plus longtemps

PORTRAIT DE FEMME

MÈRE TERESA (1910-1997)

Anjezë Gonxhe Bojaxhiu, en religion mère Teresa, canonisée par l'Église catholique comme sainte Teresa de Calcutta, est une religieuse catholique albanaise naturalisée indienne, Missionnaire en Inde, prix Nobel de la paix en 1979, elle est symbole de dévouement, d'humanité et de douceur.

Greta THUNBERG (2003)

La jeune suédoise Greta Thunberg est un modèle de maturité et d'engagement en faveur de l'écologie.
En novembre 2018, elle lance la grève scolaire pour le climat. Le mouvement se propage dans le monde entier après son discours à la conférence de Katowice de 2018 sur les changements climatiques (COP24).

Mes notes

lundi 16	mardi 17	mercredi 18	jeudi 19
lever 06 h 21, coucher 21 h 29, + 2	lever 06 h 20, coucher 21 h 30, + 2	lever 06 h 19, coucher 21 h 31, + 2	lever 06 h 18, coucher 21 h 32, + 2
Honoré	Pascal	Éric	Yves

· DICTON · *Quand au printemps la lune est claire, peu de noix espère.*

PORTRAIT DE FEMME

Anne FRANK (1929-1945)

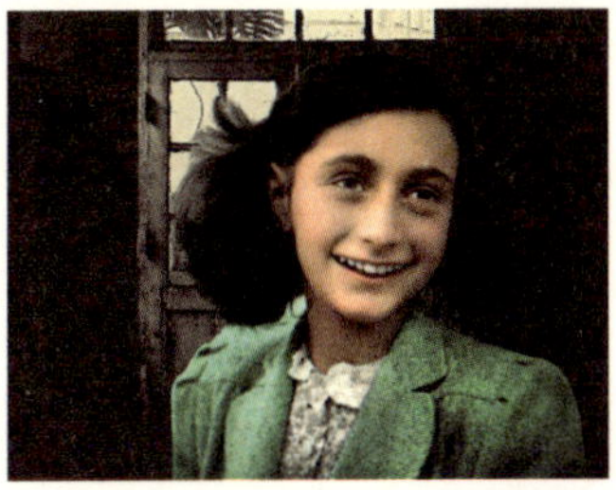

Née en 1929 à Francfort-sur-le-Main, Anne Frank quitte l'Allemagne avec sa famille en 1933 pour fuir les persécutions nazies contre les Juifs.
La famille se cache à Amsterdam puis est déportée vers les camps d'extermination en 1944, où la jeune fille décèdera deux mois seulement avant la capitulation allemande. Le Journal de cette adolescente victime de la Shoah, paru en 1947, est aujourd'hui l'un des livres le plus lus dans le monde.

Marquis de La Valette (1806-1881)

Ambassadeur, Ministre de Napoléon III, le Marquis de La Valette fut une des personnalités marquantes du Périgord durant le XIXe siècle.
Il intervient dans la création de la ligne de chemin de fer de Libourne à Bergerac dès 1861 ; il pose la première pierre de l'église Notre-Dame de Bergerac et contribue à la réfection de l'église Saint-Jacques ; il fait construire la chapelle et l'école de Peymilou, à proximité de son château de la Cavalerie où il s'est retiré après la guerre de 1870.

À l'arrière du cimetière protestant et communal des Allains à La Force, se trouve un enclos semi-circulaire qui abrite le tombeau de la famille des de La Valette : un caveau surmonté d'un cénotaphe en marbre blanc richement sculpté. Y reposent le Marquis, sa deuxième épouse Adeline, son fils adoptif et l'épouse de ce dernier Léonie. Cette Léonie mourra accidentellement, dans des circonstances dramatiques, au château de Cavalerie, brûlée vive dans sa robe de bal.
L'enclos et le mausolée ont été nettoyés en 2019 par les membres de l'ARAH avec l'aide de la Municipalité.

JEU DE SOCIÉTÉ

Le Uno

À l'origine, il y eut un désaccord. Merle Robbins, coiffeur de l'Ohio, ne parvenait pas à s'entendre avec son fils au sujet des règles du jeu de cartes « Huit américain ». D'où l'initiative d'inventer un nouveau jeu moins confus et plus accessible. D'abord fabriqué sur la table de salon de la famille Robbins et distribué dans un cercle privé, le « Uno » fut ensuite édité par Mattel en 1971 à 5 000 exemplaires. Quarante ans plus tard, ce jeu de cartes est devenu un des jeux de société les plus vendus au monde.

lever 06 h 17
coucher 21 h 33, + 2

vendredi 20
Bernardin

lever 06 h 16
coucher 21 h 34, + 2

samedi 21
Constantin

lever 06 h 15
coucher 21 h 35, + 2

dimanche 22
Émile

SEMAINE 20

mai
2022

CARTE DU CIEL

LE CIEL VISIBLE VERS LE 15 MAI À 1 H

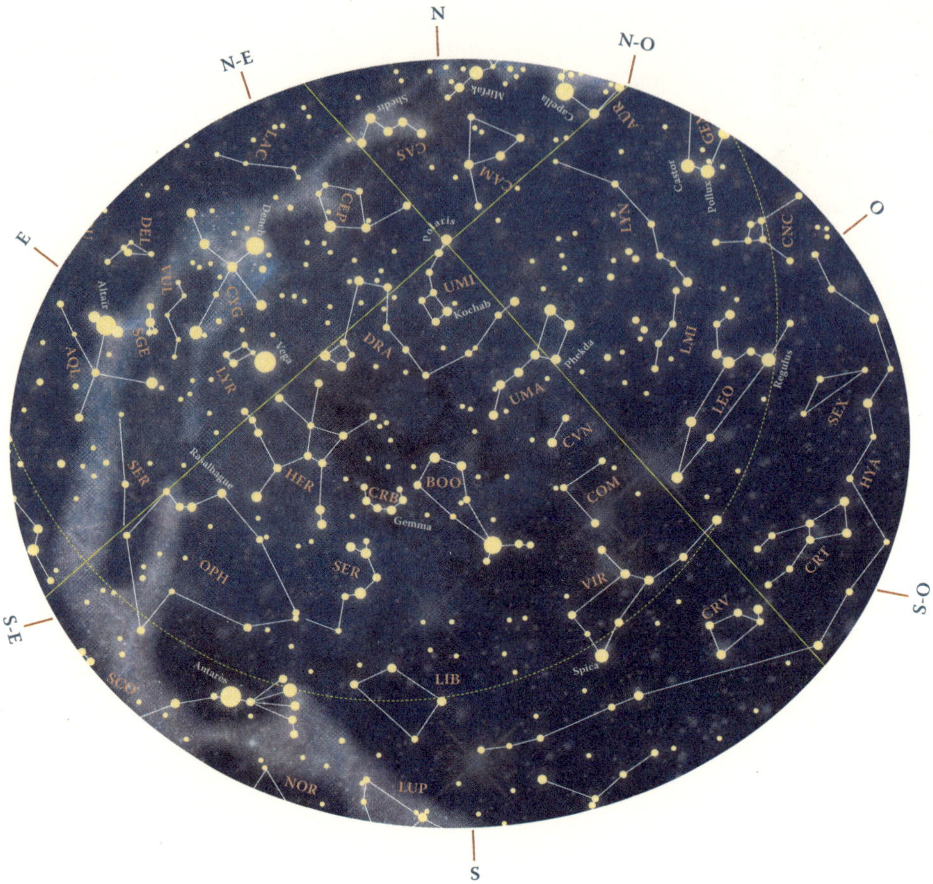

C e mois-ci, vous en apprendrez plus sur les constellations des Chiens de chasse, de la Chevelure, de la Vierge, du Centaure et de la Machine pneumatique.

lever 06 h 14
coucher 21 h 37, + 2

lundi 23

Didier

lever 06 h 13
coucher 21 h 38, + 2

mardi 24

Donatien

lever 06 h 13
coucher 21 h 39, + 2

mercredi 25

Sophie

lever 06 h 12
coucher 21 h 40, + 2

jeudi 26

ASCENSION
Bérenger

À VOUS DE JOUER ! *À vous de jouer !* À VOUS DE JOUER !

SUDOKU

					2		3	
		9					8	
	7	1	4				2	
		2		4		1	6	
				5		9		
1	6	7			9			
			3	2				
4		8	5		1			
						6		3

9		6				1		
7		4		8				
		5	6	4	8			2
8		9		2				1
				5				
			5	6		8	1	
4				1	2	7	5	
		7				9		

8			7				6	
9		1						4
6								
			3	4		7		
7	1							
		3			5	1		2
			4		8	2	1	
			6					5
	8	5			2			

		3	9		1		8	2
				2			9	7
		1						3
			4					1
	6					9		
4		5	1	9			3	8
6			8	3		5	1	
					2			

SEMAINE 21

***mai* 2022**

lever 06 h 11
coucher 21 h 41, + 2

vendredi 27

Augustin

lever 06 h 10
coucher 21 h 42, + 2

samedi 28

Germain

lever 06 h 10
coucher 21 h 42, + 2

dimanche 29

FÊTE DES MÈRES
Aymar

lever 06 h 09
coucher 21 h 43, + 2

lundi 30

Ferdinand

lever 06 h 08
coucher 21 h 44, + 1

mardi 31

Visitation

Juin 2022

Juin apporte l'été et, dans son sillage, bonheur et fertilité. Du latin *junius*, en hommage à Junon, déesse romaine du Mariage et de la Fécondité, juin célèbre de nombreuses unions. Mois de soleil, d'abondance au potager et au verger, mois des fraises et des cerises, des journées nationales « Rendez-vous aux jardins » un peu partout en France, juin célèbre l'arrivée de l'été. Du 1er au 21, les jours continuent de rallonger et, depuis des siècles, les hommes se rassemblent lors du solstice d'été, comme encore aujourd'hui le 21 juin pour la Fête de la musique, ou le 24 juin pour sauter par-dessus les feux de la Saint-Jean.

Mes notes

Mes notes

· DICTON · *Qui pêche en juin ne pêche que fretin.*

Kiosque à musique

Situé au cœur du village, il est à la fin du XIXe siècle un simple quai de chargement des barriques puis, en 1908, le conseil municipal décide de le transformer en kiosque à musique. Une barrière est édifiée en 1920 et un toit couvrira l'ensemble en 1935 afin de protéger les concertistes des intempéries. En 2017, le kiosque est reconstruit à l'identique, en même temps que la place qui l'entoure. De la fanfare « les enfants de Laforce » de la fin du XIXe siècle aux musiciens qui animent nos actuelles soirées festives (fête de la musique, marchés gourmands), que de notes égrenées !

PORTRAIT DE FEMME

Valentina TERECHKOVA (1937)

Il s'agit de la **première femme à effectuer un vol dans l'espace**. Cette Soviétique a marqué l'Histoire lors de son voyage spatial, du 16 au 19 juin 1963.

Aujourd'hui, elle est encore l'unique femme à avoir effectué un voyage dans l'espace, seule.

Les Cigales Forcelaises

L'association Les Cigales forcelaises a été fondée en 1952 par Marc Cazalis (poète local qui a donné son nom à la bibliothèque municipale devenue communautaire) et Albert Faure.
Le groupe folklorique a pour but de rechercher, maintenir, faire connaître et remettre en honneur les danses, les chants, les costumes, la langue et d'une façon générale tout ce qui caractérisait spécialement la vie rurale dans la vallée de la Dordogne et ses abords immédiats entre Bergerac et la Lidoire, vers la fin du XIXe siècle.
Les Cigales animent, au village, un atelier d'initiation aux danses traditionnelles et rejoint les groupes du Périgord pour la félibrée.
La Force a accueilli deux félibrées en 1934 et 1964.
En 1934, on inaugura une plaque en la mémoire de Jules de Termes, né à La Force en 1812, écrivain et poète occitan.

lever 06 h 08
coucher 21 h 45, + 1

mercredi 1er

Justin

lever 06 h 07
coucher 21 h 46, + 1

jeudi 2

Blandine

· DICTON · *Celui qui plante un jardin plante le bonheur.*

PORTRAIT DE FEMME

Rosa PARKS (1913-2005)

Figure majeure dans la lutte contre la ségrégation raciale, Rosa Parks est « *la mère du mouvement des droits civiques* ».
C'est le 1er décembre 1955 que Rosa Parks marque l'Histoire aux États-Unis en refusant de céder sa place à un homme blanc, dans un bus.

Monument aux morts 1914-1918

Peu de monuments aux morts sont originaux. Choisis sur catalogue, dès la fin de la grande guerre, la plupart sont de simples obélisques ou sont bardés de symboles guerriers. Celui de La Force n'est pas « standardisé ». Sculpté sur commande par l'artiste Gabriel Forestier, il représente, dixit l'auteur « *une jeune fille qui offre des fleurs. Je crois que le geste choisi est le meilleur que l'on puisse choisir pour perpétuer le souvenir des morts d'une petite commune* ».
Dès 1916, le maire M Clament propose d'élever un monument commémoratif à « ses enfants morts pour la France ». Mais ce n'est qu'en février 1924 que le conseil municipal décide de s'entendre avec M Gabriel Forestier, sculpteur à Paris, auteur du monument de Bergerac et d'Eymet – où il est né. La statue est exposée à Paris en 1925 au salon des artistes où elle obtient une médaille d'argent. Le monument aux morts est inauguré le 24 mai 1926.

Mes notes

DEVINETTE

Quelle est la puissance d'un coton tige ?

2 ouates

lever 06 h 07
coucher 21 h 47, + 1

vendredi 3

Kévin

lever 06 h 06
coucher 21 h 48, + 1

samedi 4

Clotilde

lever 06 h 06
coucher 21 h 48, + 1

dimanche 5

PENTECÔTE
Igor

SEMAINE 22

juin 2022

· DICTON · *Les bains que prend Saint-Norbert inondent toute la terre.*

JEU DE SOCIÉTÉ

Le Cluedo

Son nom vient de la fusion de deux mots : l'anglais *clue* « indice » et le latin *ludo* « je joue ». Qui a tué le docteur Lenoir dans le manoir Tudor ? S'agit-il de Mademoiselle Rose, armée d'un chandelier, dans la véranda ? Ou du professeur Violet, muni d'une clé anglaise, dans la salle de billard ? Ce jeu de déduction a été inspiré par l'univers *bristish* de la littérature policière. Il a été conçu juste après la guerre par Anthony Pratt, commercialisé en Angleterre en 1949 et traduit en français deux ans plus tard.

Il est également question d'enquêtes dans d'autres jeux du même type comme Rafle, Gangster, Les Mystères de Pékin ou Qui est-ce.

Mes notes

PORTRAIT DE FEMME

Emmeline PANKHURST (1858-1928)

Cette femme politique britannique est pionnière dans la lutte des droits des femmes puisqu'elle a créé le Women's Social and Political Union (WSPU), l'union sociale et politique des femmes. Son combat acharné avec les Suffragettes a contribué au droit de vote des femmes, en Angleterre, à partir de 21 ans en 1928.

Malala Yousafzai (née en 1997)

Militante pakistanaise âgée de seulement 18 ans, Malala Yousafzai a reçu le **prix Nobel de la Paix en 2014**, ce qui fait d'elle **la plus jeune lauréate** de cette prestigieuse récompense. À 11 ans, elle prenait déjà position sur l'accès à l'éducation des jeunes filles, et ce malgré la menace des talibans dans son pays.

lever 06 h 06
coucher 21 h 49, + 1

lundi 6

LUNDI DE PENTECÔTE
Norbert

lever 06 h 05
coucher 21 h 50, + 1

mardi 7

Gilbert

lever 06 h 05
coucher 21 h 50, + 1

mercredi 8

Médard

lever 06 h 05
coucher 21 h 51, + 1

jeudi 9

Diane

· DICTON · *Juin froid et pluvieux, tout l'an sera grincheux.*

L'absidiole, à gauche de l'entrée de l'église Sainte Radegonde à Talmont-sur-Gironde, est décorée de quatre modillons qui illustrent une terrible légende : celle de la Dame Blanche de Talmont.
Au fond : une tête de diable cornu, grimaçant ; tout à côté : une tête de femme, les deux mains en l'air, ayant l'air de soulever un voile de mariée ; enfin deux têtes de loups effrayants, gueule ouverte, yeux exorbités, oreilles dressées.
L'histoire se passa au coeur d'une nuit d'hiver glaciale. Les marais de Palud étaient complètement gelés. Une ombre les traversait en silence : un « jacquet », un pèlerin descendant des contrées du nord et se rendant à Saint Jacques de Compostelle. Il chevauchait une vieille jument fatiguée et se dirigeait vers l'église de Talmont où il espérait pouvoir se reposer le reste de la nuit.
Soudain des hordes de loups affamés qui rôdaient habituellement dans les bois du Compin surgirent des fourrés et, alléchés par l'odeur de chair fraîche (quoique...), se lancèrent sur les traces du pèlerin. Ce dernier fouettait avec ardeur les flancs de sa monture, mais la pauvre bête n'en pouvait plus ; ses sabots dérapèrent sur une flaque gelée, et la jument s'effondra sur la glace qui céda sous son poids. Le pèlerin réussit à se dégager et parvint à se hisser sur un monticule de terre ferme à quelques pas, abandonnant sa jument à la meute féroce qui ne prit guère de temps pour la dévorer. Les loups encerclaient à présent notre jacquet, se léchant les babines, attablés pour le dessert ! Lui, maintenait les fauves à distance à l'aide de son pistolet qui avait déjà foudroyé trois ou quatre loups téméraires. Il espérait tenir ainsi jusqu'à l'aube.
Un grand loup gris, avec une allure de chef, décida d'en finir : il s'avança vers le pèlerin...à pas de loup ! Ce dernier arma le pistolet, visa entre les deux yeux, pressa la détente... un ridicule « clic ! » lui répondit ; avec terreur il réalisa qu'il était à court de munitions. Alors, en désespoir, il saisit la coquille saint Jacques qu'il portait en sautoir et se mit à invoquer Saint Jacques de Compostelle et Sainte Radegonde de Talmont, et tous les saints qui lui passaient par la tête... Et c'est à ce moment qu'un grondement lointain arrêta l'approche du loup. Le pèlerin tourna la tête et vit venir, du fond de l'estuaire, un cheval blanc monté par une belle cavalière en robe de mariée ; elle portait sur sa tête une couronne en fleurs d'orangers à laquelle était attaché un long voile de gaze, fin, léger, immatériel.
La Dame Blanche sourit au pèlerin d'un air engageant et tendit ses mains vers lui. Le cheval se rapprochait, ayant plus l'air de voler que de galoper, ses sabots effleurant à peine la surface gelée du marais. Subjugué, le pèlerin tendit les bras ; les mains se saisirent... et il se retrouva bientôt soulevé, emporté, et installé en croupe sur le cheval blanc de la belle amazone.
Les loups, furieux, frustrés, se lancèrent aussitôt à leur poursuite...mais le long voile de gaze les enveloppa dans une sorte de filet inextricable, et ils furent entraînés ainsi jusqu'au bord des falaises dominant le fleuve sombre. Là, tel Pégase, le cheval prit son envol ; le filet se déchira et tous les loups furent alors précipités dans les eaux limoneuses où ils disparurent à jamais. C'est depuis cette histoire qu'on n'a plus jamais vu de loups en terre de Saintonge !
Quant au jacquet...qu'en advint-il ? Nul ne le sait. La Dame Blanche avait cette nuit encore trouvé un nouvel « épouseur », ou une nouvelle proie pour son maître Satan.

lever 06 h 05
coucher 21 h 51, + 1

vendredi 10

Landry

lever 06 h 04
coucher 21 h 52, + 1

samedi 11

Barnabé

lever 06 h 04
coucher 21 h 53, + 1

dimanche 12

Guy

SEMAINE 23

juin 2022

· DICTON · *À la Saint-Antoine-de-Padoue, toujours du temps doux.*

Un conte charentais, à la manière de La Fontaine : Le renard et les cagouilles.

Par un matin de printemps, Maître Renard se promène dans la campagne charentaise ; il longe un rang de vigne, la truffe à terre, dans l'espoir de dénicher une caille dodue ou une perdrix potelée blottie au pied d'un cep. Il y a longtemps qu'il n'a fait un tel repas et son ventre gargouille fort.

Soudain il entend une petite vox aigrelette qui l'interpelle du haut d'un piquet :

« Eh bien, Maître Renard, on ne salue plus les amis ? »

Maître Renard lève les yeux et découvre une cagouille grise juchée au sommet du piquet.

« Oh, bonjour !… Excusez-moi, Dame Cagouille, je ne vous avais pas vue, occupé que j'étais à chercher un gibier propre à boucher le trou de ma dent creuse, que… La cagouille l'interrompt :

– Allons, Maître Renard, j'ai beaucoup mieux à vous proposer.

– Comment cela ?

– Un pari : je vous défie à la course le long de ce rang de vigne. Si vous parvenez à ma battre, je vous révèle l'endroit où le frère jardinier de l'abbaye de Bassac cache la clef de son poulailler.

– Et comment savez-vous ça, Dame Cagouille ?

– J'ai longtemps habité le vieux mur de son jardin et je l'ai observé.

– Et si je perds ? Risque le renard, sans croire une seconde à une telle éventualité.

– Si vous perdez vous nous livrerez, à moi et mes sœurs, un sac de laitues fraîches du potager. »

Maître Renard n'en croit pas ses oreilles. Battre une cagouille à la course !… Même Monsieur de La Fontaine n'aurait pu imaginer pari aussi stupide !

« C'est d'accord ; j'accepte le défi. Quand partons-nous ?

– Demain matin, à l'aube. Je dois me préparer. Allez prévenir le hibou du pigeonnier ; il donnera le signal du départ et sera juge de notre affaire. »

En rentrant au terrier Maître Renard rit toujours de l'aubaine. Il conte tout cela à Dame Renarde et tous deux rient de plus belle. Cette nuit-là ils font des rêves peuplés de festins où ils dévorent des montagnes de poulettes tendres et succulentes à souhait.

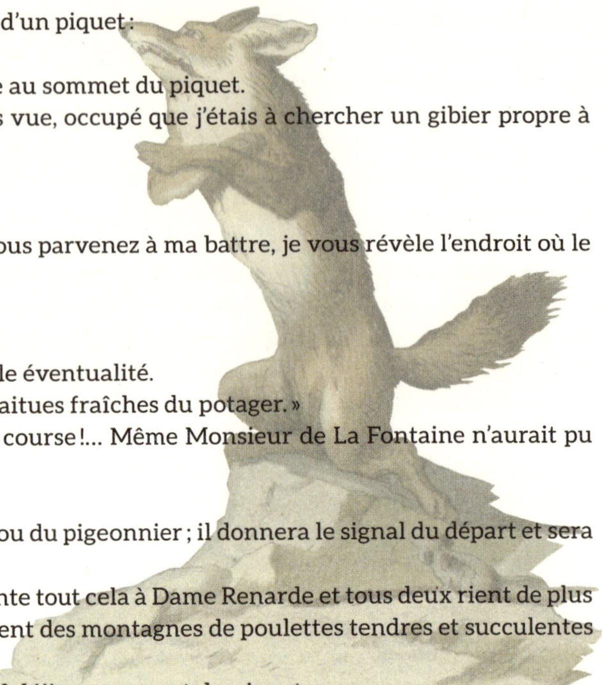

À l'aube, Maître Renard est au rendez-vous ; Dame Cagouille attend déjà, au sommet du piquet.

Sire Hibou, perché sur une branche du gros chêne, commence à s'impatienter… il n'apprécie guère les levers matinaux ! Quelques lapins, blaireaux et hérissons se pressent pour assister au spectacle.

« Allons, dit le hibou, êtes-vous prêts ?… Alors, à vos marques, prêts, partez ! »

Maître Renard part d'abord comme un bolide… et puis il tourne la tête et, ne voyant bien entendu rien venir, il se dit qu'il est bien bête de se précipiter ainsi. Même en flânant jusqu'au soir, il arrivera des heures avant son adversaire ! Il flâne donc, humant les jeunes pousses, admirant le paysage, léchant la rosée sur les feuilles… Midi sonne au clocher de l'abbaye quand Maître Renard touche enfin au but ; il se dit qu'il a encore le temps de faire une bonne sieste avant de voir arriver sa concurrente… mais sa pensée est brusquement interrompue par un éclat de rire : Dame Cagouille agite ses antennes, perchée sur le piquet d'arrivée, tandis que, surgissant des fourrés voisins, toute une faune à poils ou à plumes applaudit à sa victoire.

« Eh bien, compère Renard, il me semble que vous avez perdu. J'espère que vous vous souvenez de votre promesse.

lever 06 h 04
coucher 21 h 53, + 1

lundi 13

Antoine de Padoue

lever 06 h 04
coucher 21 h 53, + 0

mardi 14

Élisée

lever 06 h 04
coucher 21 h 54, + 0

mercredi 15

Germaine

lever 06 h 04
coucher 21 h 54, + 0

jeudi 16

J. F. Régis

· DICTON · ***Si juin fait la quantité, septembre fait la qualité.***

– Oui, oui... je me souviens, dit le renard confus. Je ne sais comment vous avez fait ; c'est incompréhensible. S'il vous plaît, accordez-moi une revanche.
– Une revanche ? D'accord... Mais ça sera deux sacs de laitues chaque matin ! »
Maître Renard accepte. Sire Hibou, toujours pas couché, donne un nouveau départ. Le renard s'élance sans se retourner et, sans ralentir sa cadence, il atteint hors d'haleine l'extrémité du rang de vigne ; il lève les yeux : Dame Cagouille est encore arrivée avant lui et l'attend en haut du piquet !
Les ricanements fusent de partout. Le renard sent la honte l'envahir. Il supplie une seconde revanche, puis une troisième, une quatrième... À chaque tentative le résultat est le même. Renard a les pattes en sang ; sa belle queue en panache n'est plus qu'une ficelle effilochée.
Épuisé, il doit abandonner la lutte et il rentre chez lui, rouge de honte et de colère, avec ce qu 'il lui reste de queue entre les jambes !
Renard conte sa mésaventure à Dame Renarde et le rouge de la honte rejaillit sur elle également.
Tous deux restent terrés des semaines durant, n'osant plus sortir par crainte des moqueries.
C'est depuis ce temps que la cagouille a été choisie comme emblème par les rusés charentais. Elle est leur porte-drapeau car elle reste, dans la mémoire de tous, celle qui a réussi à berner l'animal qu'on disait le plus rusé de la terre : le renard.
Comment s'y est-elle prise ? Vous n'avez pas deviné ?... Mais si, bien sûr, vous avez compris l'astuce : deux escargots identiques se renvoyaient Renard d'un bout à l'autre de la vigne, et le renard n'avait rien vu, bien entendu !

Joël Jouineau (dit « jhi-jhi » pour les intimes) regardait comme chaque soir les infos Poitou-Charentes sur la Trois. On était en janvier et on venait de traverser près de trois semaines de glaciation intense. Une averse avait, la veille, transformé toutes nos routes charentaises en autant de patinoires. Les « Ponts déchaussés », comme les nommait Jhi-Jhi, avaient pour une fois bien anticipé et, depuis le matin, une noria de camions-bennes chargés se sel déversaient leur cargaison afin de dégeler le bitume.
Joël était fasciné par le ballet des camions et il n'en revenait pas de voir tout ce sel répandu :
« Eh bin, commenta-t-il, aveuc tout ce qu'i' mettant su' lés routes et le long dés palisses, o y'aura pas besoin de fére dégorgher lés cagouilles aveuc dau grous sel thiette année ! »

Un voisin avec qui Joël Jouineau partageait le tue-vers un de ces matins d'hiver glacial, se plaignait d'avoir constamment les lèvres gercées :

« Qu'est-ou don que tu te mets su' lés ballots peur pas qu'o gherce ? Jh'ai essayé une crème que m'a vendue le pharmacien, o m'a coûté la peau du thiu, et o l'a rin fait.
– Boh... fais don coume moé : jhe me graisse les ballots à la rillette d'oie... et coume thieu, jh'en manghe toute la jhournée ! »
C'est ce qu'on appelle le « double-avantage ».

lever 06 h 04
coucher 21 h 54, + 0

vendredi 17

Hervé

lever 06 h 05
coucher 21 h 55, + 0

samedi 18

Léonce

lever 06 h 05
coucher 21 h 55, + 0

dimanche 19

FÊTE DES PÈRES
Romuald

SEMAINE 24

juin 2022

· DICTON · *Prépare autant de tonneaux qu'en juin tu compteras de beaux jours.*

Un couple d'anglais avait acheté une masure dans les fonds de Chadurie(16). Ils venaient chaque été pour la retaper et envisageaient sérieusement d'y finir leurs jours, à l'abri des largesses de la Sécurité Sociale française. John, le mâle dominant britannique, n'était pas précisément un génie du bricolage… ses doigts pouvaient témoigner de sa maladresse. Un jour il demanda à son voisin André Chauveau : « Dites-moi, André, comment faites-vous pour ne pas vous taper sur les doigts avec votre marteau ?
— Ah, o l'est bin simplle, répondit André, si vous v'lez pas vous cougner su' les dés, vous z'avez qu'à t'ni vout' marteau à deux mains ! »

C'était la blague favorite de Max Hurteau de Mainxe, près de Gensac-la-Pallue, en val de Charente. Chaque fois qu'il rencontrait une nouvelle tête, il ne manquait jamais de s'enquérir :
« As-tu lu le darnier prix Nobel de littérature ? »
Et comme l'interpellé répondait généralement « Non », il ajoutait :
« Eh bin, t'es coume Ghensac alors.
— Et peurquoé don ?
— Passque Ghensac l'a pas lu non plus, couillon ! »

Simon était un miséreux ; il survivait péniblement en cultivant un maigre et pauvre lopin de terre qu'il possédait dans un coin de Champagne aride, entre Saint-Coutant (16) et Champagne-Mouton.
Malgré tout Simon était de caractère optimiste ; bon et généreux de nature, il ne manquait jamais de partager avec autrui ce qu'il avait pu récolter, en particulier avec les plus démunis : quelques pommes pour sa voisine la vieille Lucie, quelques oignons pour le François, une salade pour la Juliette, un bouquet de persil pour la belle Andrée…
Un jour que, plié en deux, il grattait le sol de son verger, il sentit quelque chose de dur et entendit un son métallique sous le fer de sa bèche : intrigué, il piocha plus profond et sortit de terre un vieux coffre bardé de serrures et de clous rouillés. Après des heures d'efforts, il parvint à l'ouvrir et il eut la stupéfaction de découvrir un trésor inestimable : des pièces d'or, des diamants, des broches, des colliers de perles… Alors Simon fut brusquement saisi d'un mal étrange et nouveau pour lui : la fièvre de l'or !
Il quitta sa masure et sa pauvre terre, oubliant voisins, parents et amis, et il se mit à dépenser son argent sans compter : les plus beaux habits, les mets les plus délicats, les vins les plus fins, les femmes les plus attrayantes, les demeures les plus fastueuses…
Un soir, alors qu'il sortait du casino de La Rochelle, où il avait joué l'équivalent de ce qu'il pouvait gagner en dix ans de sa vie antérieure, il ignora superbement le mendiant qui tendait la main près de l'entrée et s'engagea sur l'avenue du Mail. Au même instant une Dedion-Bouton blanche déboula à toute allure et heurta Simon de plein fouet.
Simon fut projeté dans les airs et retomba sur la chaussée comme un pantin désarticulé. Au-dessus de lui des nuages gris chargés de menaces envahissaient le ciel rochelais… Alors Simon, agonisant, s'adressa aux nues :
« Seigneur ?… Pourquoi m'as-tu envoyé la mort aujourd'hui ? »
Une voix tomba immédiatement du ciel et Dieu répondit :
« Pour dire vrai, vois-tu Simon, je ne t'avais pas reconnu !… »

lever 06 h 05
coucher 21 h 55, + 0

lundi 20

Silvère

lever 06 h 05
coucher 21 h 55, + 0

mardi 21

ÉTÉ
Rodolphe

lever 06 h 06
coucher 21 h 55, + 0

mercredi 22

Alban

lever 06 h 06
coucher 21 h 56, + 0

jeudi 23

Audrey

· DICTON · *Pleurs de femmes et pluies d'été gros ruisseaux n'ont jamais fait.*

Lorsque Michou Clochard entra dans le Café des Sports, à Montendre, il commença par froncer le nez et se mit à renifler bruyamment l'air ambiant:
«Qu'é-t-ou don qui pue de même dans ton café, Simone? demanda-t-il à la patronne.
– Jhe me demande étou, dit-elle; o l'a coumencé quand Fernand est arrivé. O s'rait pas toé, Fernand, par hasard?
– Ah foutre non, répondit Fernand; jhe seus propre su' moé… Jh'ai encore fait ma toélette la semaine darnière!
– Et t'aurais pas marché su' quéq' salop'rie, en venant icit'? Regarde-don»
Fernand souleva son talon, pied gauche, pied droit, se dévissant le cou pour mieux regarder:
«Ah bin si, tenez… jh'ai encore mis le pied su' une marde de cheun. Ah, jh'en rate pas une; dès qu'o y'a une marde de cheun su' un trottoér, al' est peur moé!
– Eh bin, fit remarquer Michou, encore heureux qu ''i' t'ont pas envoéyé soldat en Indochine; t'aurais jhamais pu traverser un champ de mines!»

Profitant du soleil de cette matinée printanière, Christelle avait sorti sa bicyclette pour se rendre au bourg. Elle ralentit devant le bureau de poste pour saluer son ami Robert qui traversait au même moment:

«Salut Robert; ça va? Lui crie-t-elle.
– Coume o l'est m'né… Ah bien, tu fais dau vélo peur sauver la planète!
– Oh non, o l'est pas peur sauver la planète… o l'est seulement peur aller ach'ter mon pain!»

Mathilde Sardin avait «le roumaud de la mort», comme disait le célèbre barde Goulebenèze; il était évident qu'elle n'était pas loin d'arriver au bout du rouleau de sa pauvre vie: soixante années qu'elle avait dû partager avec cet ivrogne d'Aristide, menteur, paresseux et coureur de jupons!
Il faut reconnaître, même si ça n'excuse rien, que Mathilde avait le don de pousser son homme à bout par son harcèlement perpétuel… «Fais don ci…et fais don ça… oute-te de là, tu ghènes!»
Enfin, l'Aristide en question s'était quand même résolu à appeler le Docteur Charrier de Rioux.
Le docteur avait ausculté Mathilde, et prenant la mine la plus contrite possible, il avait annoncé:
«Mon vieux Aristide, il va falloir être très courageux… c'est la fin. Et Aristide de répliquer:
– Non?… Attendez, Docteur; vous disez pas ça peur me fére piaisi' au moins?…»

lever 06 h 06
coucher 21 h 56, + 0

vendredi 24

Jean-Baptiste

lever 06 h 07
coucher 21 h 56, + 0

samedi 25

Prosper

lever 06 h 07
coucher 21 h 55, + 0

dimanche 26

Anthelme

SEMAINE 25

juin 2022

CARTE DU CIEL

LE CIEL VISIBLE VERS LE 15 JUIN À 1 H

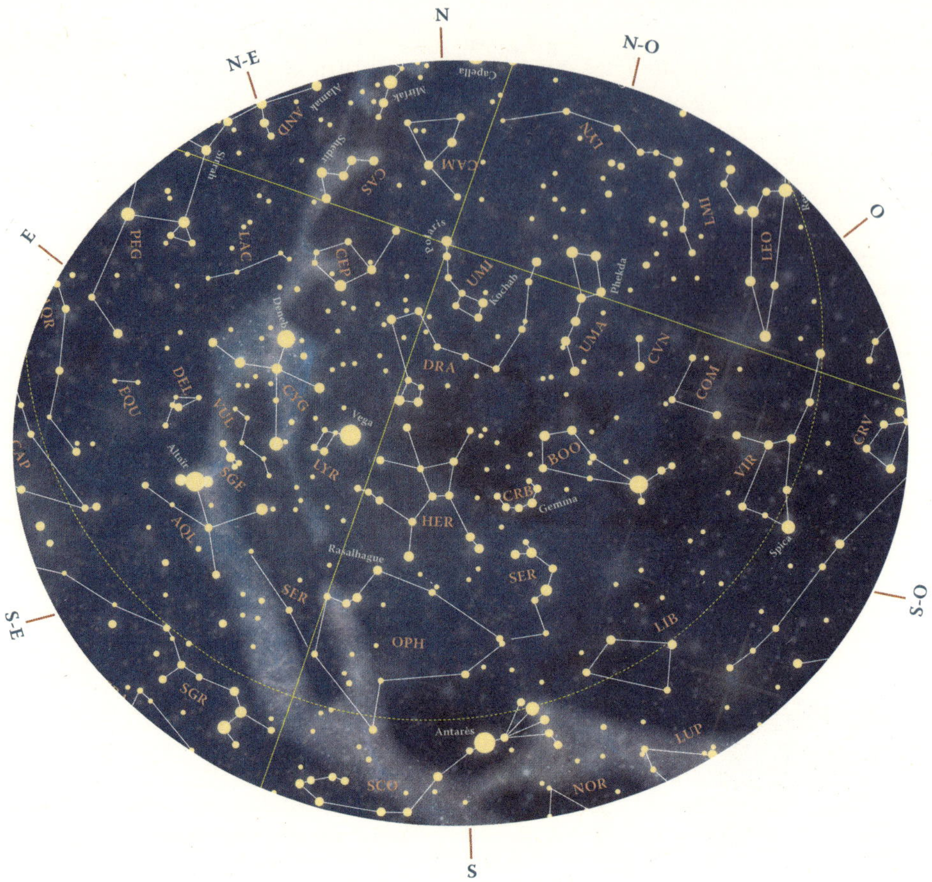

Ce mois-ci, vous en apprendrez plus sur les constellations du Bouvier, de la Couronne Boréale, d'Andromède, de la Balance et du Loup.

lever 06 h 08
coucher 21 h 55, - 1

lundi 27

Fernand

lever 06 h 08
coucher 21 h 55, - 1

mardi 28

Irénée

lever 06 h 09
coucher 21 h 55, - 1

mercredi 29

Pierre, Paul

lever 06 h 09
coucher 21 h 55, - 1

jeudi 30

Martial

MOTS FLÉCHÉS

1	2	3	4	5	6	7	8

À VOIR AU CLOS LUCÉ / PROPRIO DE CHENONCEAU EN 1799		ASSOCIA / BALLE À REJOUER		TENDANCE / EXISTES		TRANSPIRANTE / SURVEILLE		CHÂTEAU DE LA LOIRE / PAR	6
			7					4	
GIVRES / ABOMINABLE HOMME DES NEIGES	1				DIVISIBLE PAR DEUX / CHANTEUR				
				BÊCHAI / MÉTRO PARISIEN					
POSSÈDENT		STOP / TELLEMENT				8		GROS TIRET	
			OBTENU / BRAMER			LETTRE GRECQUE / SONGE			
RACONTER / MANGE							PETIT COURS D'EAU / BIBLIO UTILE DE TOURS		
	5			BERNA / LA SIENNE			3		PRONOM RÉFLÉCHI
EXISTEZ / CEPENDANT					ME RENDS				
		SON ŒUVRE EST BELLE AU CHÂTEAU DU RIVAU		2					

Mes notes

SEMAINE 26

juin 2022

Juillet 2022

Juillet vient de *Julius*, en hommage à Jules César. Juillet est considéré comme le mois le plus chaud de l'année. D'ailleurs, selon le calendrier républicain, le 19 juillet se termine messidor et commence thermidor, dont la racine grecque – des mots « thermes », « thermomètre » – signifie « chaud ».

Mes notes

Mes notes

· DICTON · *Juin bien fleuri, vrai paradis.*

Marcel Dufaud, de Montlieu-la-Garde (17), avait été invité à la noce d'une petite-nièce, Christine, demeurant en Charente tout près de Montmoreau. Marcel étant veuf et donc sans cavalière officielle, on l'avait installé pour le repas à côté d'un garçon d'honneur du marié : un certain Bernard, dit Nanar, de Saint Eutrope.

« Vous allez voir tonton Marcel, lui avait dit Christine, vous n'allez pas vous ennuyer ; Nanar est un rigolo ; il va vous en dire de belles ! »

En effet, le Nanar en question s'était révélé comme un animateur « spécial noces et banquets », rompu à toutes les ficelles de l'emploi : la boule puante écrasée pendant le Saint office, le coussin péteur sous le postérieur de la belle-mère du marié, le verre baveur présenté à Monsieur le Maire lors de l'apéritif… Nanar maîtrisait tout !

Pendant tout le repas il ne cessa de gaver Marcel d'histoires graveleuses dépourvues de toute drôlerie, l'avertissant que le « bouquet final » serait la chanson qu'il avait préparée en l'honneur des mariés et qu'il offrirait à l'assemblée ébahie, au moment du dessert :

« Vous verrez, Monsieur Marcel, ils vont en pisser dans leur culotte ! » répétait-il.

Le dessert, une pièce montée réalisée par le boulanger de Montmoreau, qui déclencha un tonnerre d'applaudissements, arriva enfin.

« ça va être à moi, Monsieur Marcel. Vous allez voir, ils vont en pisser dans leur culotte ! »

Nanar se leva, plus ému qu'il n'aurait voulu paraître, se râcla la gorge, entama son couplet beaucoup trop haut, une voix de fausset qui réveilla la tante Lucienne qui se liquéfiait dans son fauteuil, et faillit l'envoyer directement à la tombe. Nanar reprit…trop bas, et manqua de souffle pour la fin de ses phrases… Bref, une catastrophe bien loin de l'apothéose annoncée.

Nanar se rassit dans un silence lourd, à peine troublé par quelques timides applaudissements de complaisance. C'est alors que Marcel lui glissa fielleusement dans le creux de l'oreille :

« A moun' avis, mon fi, i z'avant dû pisser avant de se mett' à tablle ! »

Octave et sa femme vivaient dans une bicoque, à l'écart du monde civilisé, en lisière de forêt, dans la sous-banlieue de Saint Aigulin (17). Ils ne possédaient ni radio, ni télévision… mais se tenaient informés de ce qui se passait dans le monde car ils étaient abonnés au « Pélerin ». L'hebdomadaire présentait cette semaine un reportage assez complet et fort bien documenté sur l'usage des tablettes numériques ; toutefois, malgré les illustration, cela restait pour Octave du domaine de l'abstraction la plus totale. Il commentait néanmoins pour sa femme :

« I' paraît que bintou, d'après thieu Pélerin, o y'aura pu de jhournaux en papier… pu que dés « tabllettes numériques » !

— Eh bin, répondit sa femme, coument allons-jhi fére peur allumer la ch'minée et nous essujher dans lés cabinets ? »

Mauricette Michaud était la reine de la cuisine de goret. Ce jour-là elle voulait absolument faire goûter à son mari, Michel, sa sauce à la pire… mais le Michel était « gueudé » :

« Té, goûte-don ma sauce de pire.

— Non. Jh'ai pas faim.

— O l'est pas ine question de faim, o l'est ine question de goût. Allez, goûte zou don ! »

De mauvaise grâce, Michel s'exécuta du bout des lèvres :

« Jh'aime pas. O l'est dégueu…

— Tu zou fais exprès passqu'o l'est moé. Allez, fais un effort… Alors ? O l'est teurjhou dégueu ?

— Ouais… Pareil !

— Alors là ; o y'a qu'ine essplication : o l'est ta goule qui marche pas ! »

· DICTON · *À la Saint-Thierry aux champs jour et nuit.*

En ce temps-là, le nouveau curé d 'Aulnay avait la réputation non usurpée d'être « très près de ses sous »... Il ne se privait pas de faire des remarques désobligeantes si un paroissien ne se montrait pas assez généreux lors du versement du denier du culte, ou si une bigote se fendait péniblement d'un petit sou à la quête dominicale.
Un jour il avait demandé à sa servante d'aller porter une paire de chaussures à resemeller chez Jean-Paul Guédon, le cordonnier du bourg :
« Vous insisterez bien pour avoir une réduction substantielle Rose, avait-il recommandé à la servante ; j'ai un ami de régiment qui me fournit gratuitement en cuir ; il est employé à la tannerie de Niort. »
Rose s'était donc consciencieusement acquittée de la commission :
« Môssieu le curé a demandé combin qu'o li coûterait, vu qu'o l'est li qui fournit le cuir...
– Ah, o l'est li qui fournit le cuir... wé, wé,wé... Bon, écoutez don : jh'ai mon vieil onclle, Aurélien Martin, de Villemorin, qui vint de décéder... quat'r vingt quatorze ans... mon pauv' onclle !... Li qui voulait un bel entarrement... Demandez don à vout' patron combin que me coûterait l'entarrement... vu qu'o l'est moé qui fournis le défunt ! »

Assis sur un banc de pierre, devant la maison d'Alphonse, à la sortie du bourg de Clérac (17), Maurice et Alphonse, deux vieux copains d'école, puis de régiment à l'infanterie de marine, tentaient de recoller les bouts en évoquant leurs souvenirs de jeunesse... exercice aussi improbable qu'aléatoire au vu de l'état de déficience mémorielle des deux compères :
« Te rappelles-tu, Alphonse, quand jh'avions vingt ans... jhe courions toutes thiés drôlesses ?
– Ah ouais, fan d'yarce, jhe me rappelle... jhe courions lés drôlesses... jhe courions... jhe courions... mais jh'arrive pu à me rappeler peurquoé faire que jhe les courions ? ? ? »

Mathilde Morin, rentrant de la foire de Ruffec, croise Madame la baronne du château de Verteuil ; elle s'enquiert des destinés de la noble famille :
« Et vout' fille aînée ? Qu'est-elle dev'nue ?
– Elle est religieuse... Bonne sœur, si vous préférez. Elle est entrée dans les ordres au couvent des Ursulines de Poitiers,
– Ah dame, si o l'était son choix...
– Tout à fait ; elle a choisi de se marier avec Dieu.
– Bin, là, au moins, o y'a pas de vaisselle ! »

lever 06 h 10
coucher 21 h 55, - 1

vendredi 1er

Thierry

lever 06 h 10
coucher 21 h 54, - 1

samedi 2

Martinien

lever 06 h 11
coucher 21 h 54, - 1

dimanche 3

Thomas

SEMAINE 26

juillet 2022

· DICTON · ***Si le début de juillet est pluvieux, tout le mois sera douteux.***

Des parisiens avaient fait l'acquisition d'une masure près du bourg de Saint-Fraigne (16). Chaque été, en attendant la retraite, ils venaient passer un mois d'été à la restauration de leur future résidence principale. Chaque été c'était le même constat consternant : les rats et souris pullulaient dans le bâtiment. Tout paraissait pourtant avoir été essayé : pièges, tapettes, grains empoisonnés... rien ne semblait pouvoir arrêter l'invasion. Le propriétaire en avait parlé, à tout hasard, à Guy Luttiaud, le facteur qui leur apportait courrier et nouvelles locales :
« O faut, avait suggéré Guy, essayer de mélangher dés grains de bié avec de la poudre à éternuer et de mett' ça su' une pierre bin anguleuse. Les rats vont v'ni' mangher le bié, i' respireront un cot, et « T'CHOUM ! », en éternuant i' s'assommeront su'un coin de la pierre ! »
Le parisien ne savait jamais quand Guy plaisantait et quand Guy était sérieux... cette fois, il eut quand même la nette impression que le préposé se payait sa tête !

Pour se faire pardonner de s'être un peu moqué du parisien, Guy lui avait promis de lui apporter, lors de sa prochaine tournée, un produit « anti-rats » extraordinaire :
« O vint d'Allemagne ; o l'est même interdit en France tellement qu'o l'est violent. O l'est mon beau-père qui me zou a ramené de là-bas. O faudra pas n'en parler... et surtout que « ni chat, ni chin, ni drôle » y touchiant ! »
Le parisien avait promis et remercié Guy de sa sollicitude. Le lendemain, comme promis, Guy livrait le fameux « produit miracle » enfermé dans une boîte métallique hermétique, ornée d'une tête de mort avec tibias croisés.
« Jh'ai mis ce qui me restait mais o devrait larghement suffire. »

Trois jours plus tard, après le pont du quatorze juillet, Guy repasse à la maison des parisiens :
« Alors ? Mon produit a-t-i fait soun effet ?
— Je suis désolé, Monsieur Luttiaud, aucun effet... pas un seul cadavre de rat ou de souris ; ça pullule toujours autant.
— Ah bin ça alors, dit Guy, jhe ne voés qu'une expllication : o l'est vos rats qui valant rin ! »

lundi 4	mardi 5	mercredi 6	jeudi 7
lever 06 h 12 coucher 21 h 54, - 1	*lever 06 h 13 coucher 21 h 53, - 1*	*lever 06 h 13 coucher 21 h 53, - 1*	*lever 06 h 14 coucher 21 h 52, - 1*
Florent	**Antoine**	**Mariette**	**Raoul**

· DICTON · *Le jour de Sainte-Félicité (le 9) se voit venir avec gaieté, car c'est le plus beau jour de l'été.*

De temps à autre, Monsieur Durand, le même parisien, proposait à Guy Luttiaud de partager avec lui l'apéro, si les horaires de tournée coïncidaient. Ce jour-là justement, il avait servi deux doses de pastis au fond de deux verres idoines marqués Ricard, et apporté une carafe d'eau fraîche… malheureusement aux trois-quarts vide après que les enfants se soient servis une menthe à l'eau.

« Vous m'excuserez, Guy, il ne reste pratiquement plus d'eau fraîche, mais je peux vous apporter de l'eau pétillante si vous le souhaitez.

— Oh, pas la peune, M'sieur Durand ; jhe seus un vrai cactus.

— Comment cela ?

— Eh bin, jhe me contente de très peu d'eau ! »

Luc Valin rentra chez lui ce soir d'hiver, l'oeil pleureur, le col relevé, le nez tout enchiffronné.

« Jh'ai dû prend' frét' dans les chais, dit-il à sa femme Lucette… jh'ai le nez compllétement bouché, jhe peux pus rin sentir.

— O tombe bin, dit Lucette, jh'ai jhustement laisser rimer la daube de beu ! »

On cite régulièrement Barthélémy Gautier lorsqu'on évoque les grands illustrateurs de l'esprit charentais ; cependant il ne faudrait pas oublier de mentionner un vieil ami plus récemment disparu et tout aussi talentueux : Jean-Claude Lucazeau. Il fut parmi les plus grands (même si petit par la taille !). Au gré des illustrations de ses albums « les saintongeais », j'en ai relevé une particulièrement savoureuse qui illustre bien l'esprit tenace, voire têtu, de nos charentais :

Lors de la grande panne d'électricité qui avait suivi la « tempête du siècle » en décembre quatre vingt dix neuf, le vieux Nestor restait assis, prostré, imperturbable, face à l'écran noir de son téléviseur. Une pauvre bougie à la flamme scintillante donnait un semblant de lueur et de vie à la pièce. Lucille, la petite-fille de Nestor, arrive alors :

« Papi, o faut aller vous coucher. Vous ne verrez rien. Y'a plus de courant.

— Jhe m'en fous, répond Nestor, jhe reste icitt' ; jhe la regarderai aveuc thielle boughie ! »

lever 06 h 15
coucher 21 h 52, - 1

vendredi 8

Thibaud

lever 06 h 16
coucher 21 h 51, - 1

samedi 9

Amandine

lever 06 h 17
coucher 21 h 50, - 2

dimanche 10

Ulrich

SEMAINE 27

juillet 2022

Henri Moreau savait que ses heures étaient comptées. Le curé Michaud, accompagné de son enfant de choeur, était déjà passé ce matin pour lui administrer l'extrême onction; il attendait donc avec résignation et philosophie que «ça se passe»...
À son chevet, quelques parentés se succédaient encore pour un dernier mot d'encouragement bien inutile. Là, c'était François, un petit-neveu du côté de sa femme, qui tenait le crachoir:
«Alors coume thieu, tonton Henri, vous allez nous quitter... le curé est v'nu vous graisser à matin... Jhe suppose don que vous irez tout dret au paradis... vous verrez mon papa et ma maman d'hasard... et pis p'têt' mon pépé et ma mémé... vous leu direz bin le bonjhour de ma part... vous leu direz que tout se passe bin coume o faut à la ferme... jh'avons fini lés métives et tué le goret... vous leu direz...» Et à cet instant Henri ouvre un œil pour dévisager François, rassemble un dernier souffle et lui répond:
«Dis-don, mon neveu, tu peurrais p'têt' fére tes commissions toé-même, non?»

Justine tenait le café «Au bon accueil» à Nanteuil-en-Vallée (16). C'était bien avant la superbe restauration du village et les touristes ne s'y précipitaient guère. Les murs du «Bon Accueil» étaient passablement délabrés et le comptoir du bistrot plus facile à cramponner qu'à lâcher. Comme tous les matins, Robert Beaulon, veuf et retraité des travaux publics, était accoudé... sirotant son quatrième blanc-cassis depuis l'ouverture.
Ce matin-là Justine s'était décidée à effectuer un «nettoyage de printemps» sur le dessus du comptoir; armée d'une éponge trempée d'eau et de lessive, elle interpelle son unique client:
«Allez Robert, lève-don ton coude du comptoér, que jhe passe l'éponghe... Robert s'éxécute
Allez, reprend-elle, à l'aut' à présent!» et pendant qu'elle termine son nettoyage, Robert remarque: «Eh bin, tu voés, Jhustine, tu devrais passer toun' éponghe pu souvent, o me fait fére de l'exercice!»

lever 06 h 18
coucher 21 h 50, - 2

lundi 11
Benoît

lever 06 h 19
coucher 21 h 49, - 2

mardi 12
Olivier

lever 06 h 20
coucher 21 h 48, - 2

mercredi 13
Henri, Joël

lever 06 h 20
coucher 21 h 47, - 2

jeudi 14
FÊTE NATIONALE

· DICTON · *Qui dort en juillet jusqu'au soleil levant mourra pauvre finalement.*

Gisèle et Nicole devisaient tout en oeuvrant à la confection de leur suspension-macramé, au «club» du Foyer Rural d'Aulnay-de-Saintonge; elles attendaient que Catherine, l'animatrice, vienne les chercher pour la répétition de la chorale.

«Moé, dit Gisèle, jhe seus dau signe du lion... à c'qu'i paraît qu'o s'rait un signe du feu... Et René, mon gâs, est poésson, qu'est un signe d'eau... Alors, est-ou l'eau qu'éteint le feu, ou le feu qui fait évaporer l'eau?... teurjhou est-i que jh'avons jhamais rin à nous dire;

– Ah bin, chez nous-aut', répond Nicole, jhe seus dau cancer, moun houme est saghittaire, nout' drôle est scorpion, la drôlesse balance et la grand-mère vierge...coument vaux-tu que jh'arrivions à nous comprendre?

Le journal «La Charente Libre» traînait sur une table du café de la gare de Médillac, au fin bout du sud de la Charente. Un gros titre s'y étalait «à la une»: Manifestation des féministes à Angoulême; rassemblement Place Bouillaud.

Lucien Ménard passant à côté, son verre de rosé à la main, jette un œil:

«Qu'é-t-ou qu'al' voulant encore, thiés fumelles? Demande-t-il au patron.

– Eh bin, t'as qu'à lire: al' récllamant l'égalité ent'r les houmes et les femmes.

– Pff!... N'importe quoé. Tu vas voér qu'un jhour, al' récllameront le contraire!»

Les vendanges cette année-là avaient été particulièrement décevantes: un été pluvieux, des orages en août, la maladie... Bref, pour l'aider à boucler financièrement la fin de l'année, le notaire Maître Arnaud de Chateauneuf avait prêté à son métayer Jean Lantier de Mosnac une somme point trop importante... mais toutefois assez conséquente.

Le métayer faisait traîner le remboursement de la dette, repoussant l'échéance mois après mois.

Un jour quand même le notaire, excédé, se rend chez Lantier:

«Bon, dis-don, Jean, il faudrait peut-être quand même penser à me rembourser ce que tu me dois. Tu connais le proverbe: Qui paye ses dettes s'enrichit! À quoi le métayer répond:

– Oh oué, Maît' Arnaud, jhe counais le proverbe, mais voéyez-vous, moé, jh'ai pas l'âme d'un arriviste!»

Alberte Moinard et Lucille Michenaud sont deux retraitées de la fonction territoriale. Travaillant à le sous-préfecture de Saintes, elles ont toujours vécu au village de La Chapelle-des-Pots. Elles s'y sont mariées, y ont élevé leurs enfants et y sont devenues veuves pratiquement la même année.

À présent, à quatre-vingt ans passés, elles passent le plus clair de leur temps à ressasser leurs souvenirs communs, assises près du lavoir antique.

«Te rappelles-tu, Alberte, coume o bougheait dans le villaghe après la guerre?

– Tu parles si jhe m'en rappelle... O y'avait de la jheunesse dans thieu temps.

– Et pis de l'animation. Jhe me rappelle que le curé célébrait au moins deux entarrements chaque semaine.

– Au moins. Ouais... o mettait de la vie dans le bourg!»

lever 06 h 21
coucher 21 h 47, - 2

vendredi 15

Donald

lever 06 h 22
coucher 21 h 46, - 2

samedi 16

Notre Dame du Mt-Carmel

lever 06 h 24
coucher 21 h 45, - 2

dimanche 17

Charlotte

SEMAINE 28

juillet
2022

· DICTON · *Jamais, en juillet, sécheresse n'a causé la moindre détresse.*

Nono Pourageaud avait toute sa vie rêvé de posséder « son jardin à lui ». Il était cantonnier municipal pour la ville de Matha et son maigre salaire ne lui avait pas permis de réaliser son rêve. Enfin, arrivé à la retraite, il apprend qu'il vient d'hériter d'un petit pécule, légué par sa tante Arlette qui demeurait à Saint Jean d'Angély, et qu'il n'avait pas vue depuis plus de trente ans! Tout heureux, Nono s'empresse alors de faire l'acquisition d'un mauvais terrain en friches, plein de ronces et de détritus, situé à la sortie de Matha sur la route de Thors.

Nono était un « bosseur »; il travailla d'arrache-pied, mouillant sa chemise et son gilet de flanelle, effectuant plus de quarante voyages jusqu'à la déchetterie pour y vider sa charrette à bras…Et, après une année d'efforts, chacun put constater: le résultat était là!…un magnifique jardin s'épanouissait sous le soleil charentais en lieu et place d'un misérable dépotoir! Les carrés de légumes, alignés au cordeau se disputaient l'espace avec les massifs de fleurs, séparés par des allées impeccablement entretenues. Ah, Nono avait certes de quoi être fier de lui.

Un dimanche après-midi, le curé de Matha vient à longer le muret qui délimite le jardin de Nono; il admire la réalisation et interpelle l'heureux propriétaire qui est justement entrain de biner son carré de pommes de terre:

« Eh bien Nono, votre jardin est vraiment magnifique. Ah, on peut dire que le Bon Dieu et vous avez fait un beau travail sur cette terre.

– Oh… Grand marci, Môssieu le thiuré… mais, sauf le respect que jhe vous doués, jhe vous f'rai remarquer que quand le Bon Dieu était tout seul peur s'occuper de thiel endret, vous auriez p'têt' pas pu dire la même chouse! »

Ce député du sud Saintonge avait, comme on dit « de qui tenir ». Petit-fils d'un ex-militant Croix de Feu, fils d'un sympathisant OAS, il affichait, entre autres, des opinions sur l'eugénisme et l'amélioration de la race humaine aussi radicales que réactionnaires -opinions qui avaient le don d'irriter fortement Michel Girard, vieux paysan anarchiste et libertaire.

Le jour où ce dernier entendit le député déclarer, lors d'une réunion publique:

« Les handicapés mentaux, il faudrait les stériliser dans l'utérus; ça comblerait un peu le trou de la sécu! », Michel Girard ne put s'empêcher d'intervenir:

« Eh bin, o s'rait p'têt' utile, étou, de stériliser les politiciens dans l'urne, certains cots! »

Josette, la fille de l'épicier de Champniers (16), traversait le champ de foire d'un pas alerte, tête haute, reins cambrés, poitrine offensive.

Auguste, le garde-champêtre, et Fernand, retraité de l'armée, la détaillaient d'un œil égrillard depuis la terrasse du bistrot, en sirotant leur pastis quotidien:

« O paraîtrait qu'al' se s'rait fait poser dés implants mammaires, peur pouvoér attirer les houmes, commente Auguste.

– Bin, réplique Fernand, peurquoé pas; jhe pose bin dés faux canards en boés su' moun' étang peur pouvoér attirer lés vrais! »

lever 06 h 25
coucher 21 h 44, - 2

lundi 18

Frédéric

lever 06 h 26
coucher 21 h 43, - 2

mardi 19

Arsène

lever 06 h 27
coucher 21 h 42, - 2

mercredi 20

Marina

lever 06 h 28
coucher 21 h 41, - 2

jeudi 21

Victor

· DICTON · *À la Sainte-Madeleine, l'amande est pleine, le raisin coloré, la figue mûre et le blé rentré.*

JEU DE SOCIÉTÉ

Trivial Pursuit

C'est le jeu de questions-réponses par excellence, celui qui permet d'apprendre en s'amusant. En 1979, lors d'une partie de Scrabble, deux Canadiens, le photographe Chris Haney et le journaliste sportif Scott Abbott, créent un jeu mêlant parcours et test de connaissance. Intitulé « Quelques arpents de piège », le jeu est fabriqué par leurs soins, et ils s'endettent pour produire les premières boîtes avant qu'Hasbro ne rachète les droits de ce qui devint un succès planétaire. Aujourd'hui troisième jeu de société le plus vendu après le Scrabble et le Monopoly, il est traduit en 19 langues. En 1984, 24 millions de boîtes sont vendues aux États-Unis. En France, le jeu arrive peu de temps après sous le nom Remue-Méninges avant que le nom américain Trivial Pursuit soit adopté par tous. Il faut lancer les dés et répondre aux questions. Certaines cases permettent d'obtenir une part de « camembert » et le gagnant est celui qui remplit en premier son camembert. La première version, Genus, proposait des thématiques générales (histoire, géographie, divertissement, arts et littérature, sciences et nature et sports et loisirs). Mais, depuis, de nombreuses variantes et recharges ont permis aux familles de se tester sur des thèmes variés tels que le cinéma, la gastronomie, le football, la musique, le Périgord...

PORTRAIT DE FEMME

Wangari Maathai (1940-2011)

Biologiste, militante politique et écologiste originaire du Kenya, Wangari Maathai est la première femme africaine à avoir reçu le prix Nobel de la Paix.
C'était en 2004, en l'honneur de sa contribution pour le développement durable, la démocratie et la paix.
On la surnomme souvent « *La femme des arbres* ».

Mes notes

lever 06 h 29
coucher 21 h 40, - 2

vendredi 22
Marie-Madeleine

Leo

lever 06 h 30
coucher 21 h 39, - 2

samedi 23
Brigitte

lever 06 h 31
coucher 21 h 37, - 2

dimanche 24
Christine

SEMAINE 29

juillet 2022

CARTE DU CIEL

LE CIEL VISIBLE VERS LE 15 JUILLET À 1 H

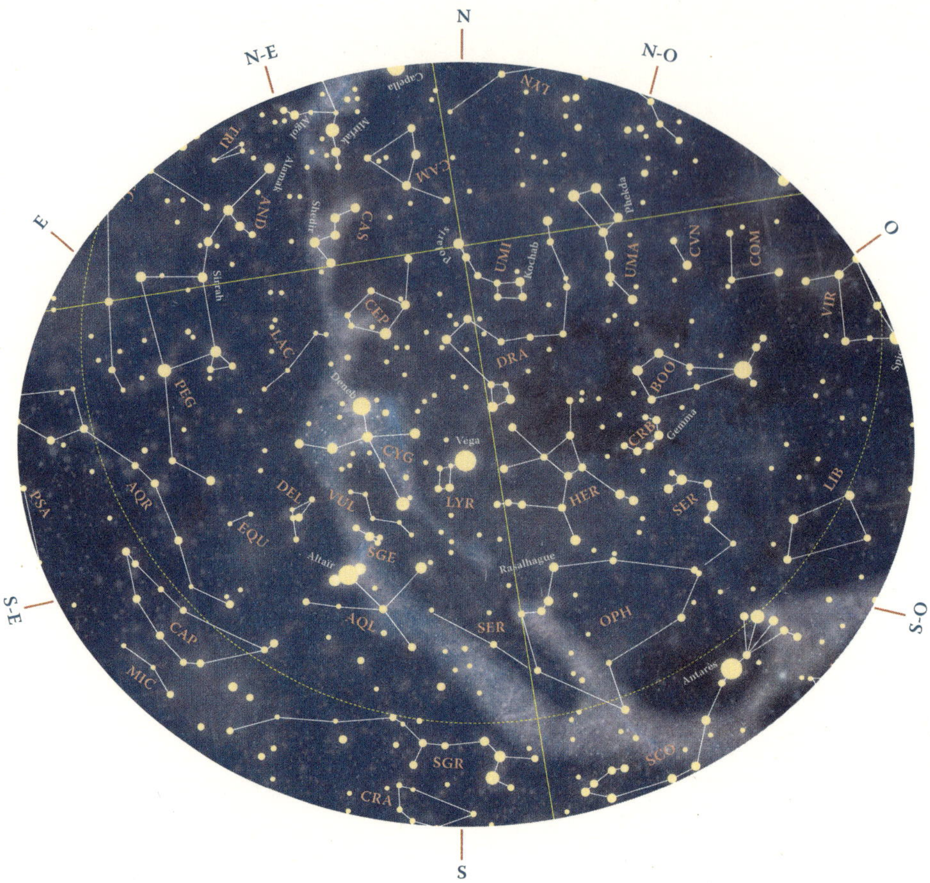

Ce mois-ci, vous en apprendrez plus sur les constellations d'Hercule, d'Ophiuchus, du Scorpion, de l'Écu et du Sagittaire.

lever 06 h 32
coucher 21 h 36, - 2

lundi 25

Jacques le Majeur

lever 06 h 34
coucher 21 h 35, - 2

mardi 26

Anne, Joachim

lever 06 h 35
coucher 21 h 34, - 2

mercredi 27

Nathalie

lever 06 h 36
coucher 21 h 33, - 2

jeudi 28

Samson

À VOUS DE JOUER ! *À vous de jouer !* À VOUS DE JOUER !

SUDOKU

		8	7	9				
					6			
						1		
			5		9			
	3							8
6	9		8	1				
	6					2		5
			6	4	7		1	
				3		7		4

			6					
				9			7	
	3		8	1		9	4	
	2		4		6			7
1	7	6				5		
		9	5					
		8						
7						3		
6		1						2

5			3			1		
	4	6			5		8	
		8		1	9		5	
2		3				4		
								8
7		1			4			6
		5						
				7				
		4	5		6	7	9	

	6			9				
		4		2	7	8	6	
		9	1	3		4		
						3		
	4					6		5
2		5			1		7	
	8		3			5		
			8				2	4

Mes notes

lever 06 h 37
coucher 21 h 31, - 2

vendredi 29

Marthe

lever 06 h 38
coucher 21 h 30, - 3

samedi 30

Juliette

lever 06 h 39
coucher 21 h 29, - 3

dimanche 31

Ignace de Loyola

juillet 2022

Août 2022

Dédié à l'empereur Auguste, ce mois tire son nom du latin *Augustus*. Ce dernier ajouta un jour au mois d'août afin qu'il en compte autant que juillet, qui rend hommage à un autre empereur, Jules César. Mois des vacances et des étoiles filantes, mois de la chaleur et des fruits – le calendrier républicain l'avait renommé fructidor –, août est le mois des festivités aux quatre coins de la France.

Mes notes

Mes notes

· DICTON · *Juillet sans orage, famine au village.*

JEU DE SOCIÉTÉ

Les jeux de cartes

L'origine des cartes est mal connue, mais semble être postérieure à l'apparition des dés ou des dominos, dont elles n'auraient été, dans un premier temps, que la reproduction sur papier. Qu'elles soient originaires du Proche ou de l'Extrême-Orient, les cartes furent sans doute introduites en Occident au XIIe siècle, sous une forme primitive sans figures.

Chaque pays, voire même chaque région, a produit d'innombrables variétés de jeux de cartes, témoignant de la richesse de ces simples cartons imprimés et de la créativité ludique qu'ils n'ont cessé de susciter.

Les jeux de cartes peuvent cependant se regrouper en grandes familles, malgré leur diversité. Les jeux de levées ou de points sont sans doute les plus nombreux : bridge, belote ou tarot sont les têtes de file d'une famille presque innombrable dont tous les membres obéissent au même principe : remporter un minimum de plis ou de points, en fonction d'un contrat annoncé en début de partie.

Les jeux de combinaisons forment une famille non moins riche. La Canasta, les Ramis ou le Poker sont quelques-uns de ces jeux qui consistent à associer les cartes par paires, brelans, carrés ou séquences.

Mes notes

TRUCS & ASTUCES

Contre l'humidité

Vous pouvez lutter contre l'humidité et ses désagréments en disposant sur les étagères et sur le haut des meubles des petits récipients remplis de farine de moutarde qui absorbera l'humidité et son odeur.

Pour protéger les livres reliés, frottez les reliures avec un linge imbibé d'essence de térébenthine

Quant aux taches sur le linge, même les plus anciennes , elles ne résisteront pas à quelques gouttes d'ammoniaque.

lever 06 h 41 coucher 21 h 27, - 3	lever 06 h 42 coucher 21 h 26, - 3	lever 06 h 43 coucher 21 h 24, - 3	lever 06 h 44 coucher 21 h 23, - 3
lundi 1er	**mardi 2**	**mercredi 3**	**jeudi 4**
Alphonse	Julien Eymard	Lydie	Jean-Marie Vianney

· DICTON · *À la Saint-Abel, faites vos confitures de mirabelles.*

EV3 : Ensemble, Vivre et Vieillir au Village

L'association EV3: Ensemble, Vivre et Vieillir au Village a vu le jour en 2002.
Elle est issue du long travail d'un groupe de Forcelais qui se questionnent sur la place de chaque citoyen dans notre cité, et plus particulièrement sur la place des Anciens et sur leur rôle de « passeurs » auprès des jeunes générations.
Elle a pour but de tisser et de favoriser les liens intergénérationnels au cœur du village.

Dans cet esprit, EV3 propose 2 ateliers ouverts à tous :

- L'atelier « Remue-Méninges », le mardi matin, tous les quinze jours
 Il s'agit, par des exercices ludiques, d'entretenir sa mémoire.
- L'atelier « Au Fil des Ans », un samedi après-midi par mois : atelier de collecte et d'échange de Mémoires.

EV3 organise aussi des cafés citoyens, des modules de formation et répond toujours avec plaisir aux sollicitations d'autres associations : correspondance avec la classe de CP de l'école élémentaire de La Force et ateliers partagés avec des classes de la MFR. Le partage avec les jeunes est primordial pour nous.

Depuis fin janvier 2017, nous avons proposé, chaque dimanche après-midi puis un dimanche sur deux, à la Maison des Associations, un moment de rencontre convivial (jeux de société, discussions…). Cet atelier est en stand-by pour le moment, faute de participants.

Enfin, chaque année, en octobre, EV3 relaie la semaine bleue, semaine nationale des retraités.

Afin d'assurer le bon équilibre de nos comptes et faire perdurer l'animation du village, nous avons repris l'organisation du marché artisanal (en novembre) et de la foire aux multimédia d'occasion (1er dimanche de février).

EV3: Ensemble, Vivre et Vieillir au Village
Maison des Associations – 3 avenue des Ducs – 24130 LA FORCE
ev3laforce@sfr.fr
page facebook EV3 La force

JOUET

La peluche Kiki est née en 1974 au Japon, sous son véritable nom Monchhichi et confectionnée par la société Sekiguchi, dans le but d'inculquer le Respect et l'Amour aux enfants. Avec leur fourrure toute douce et leur petite frimousse, les kikis mettent le cap vers l'Europe et arrivent en Allemagne au cours de l'année 1975, où ils ont un immense succès, et ce n'est seulement qu'en 1978 qu'ils débarquent en France !

lever 06 h 46
coucher 21 h 21, - 3

vendredi 5

Abel

lever 06 h 47
coucher 21 h 20, - 3

samedi 6

Transfiguration

lever 06 h 48
coucher 21 h 18, - 3

dimanche 7

Gaétan

SEMAINE 31

août 2022

· DICTON · *Pluie d'août fait truffes et marrons.*

Le softball

Le softball, aussi appelé balle-molle en Amérique du Nord francophone, est un descendant direct du baseball mais diffère de ce dernier par différents aspects dont la taille du terrain, de la balle, de la batte. Si le softball, sport de loisirs mais aussi de compétition, est très répandu à travers le monde, il l'est beaucoup moins en France.

Le softball club forcelais – plus couramment appelé les Alouettes en hommage au club de Charlesbourg au Québec – a été fondé en 1980. Les entrainements ont lieu sur le terrain des Pradasques qui accueille chaque année le tournoi national de softball mixte du 14 juillet et le tournoi des vendanges. L'un des plus grands souvenirs du club reste l'organisation en 1994 de la Coupe d'Europe des clubs champions de softball masculin.

Jouet

BARBIE est une poupée de 29 cm commercialisée depuis 1959 par Mattel, une société américaine de jouets et jeux. C'est la femme d'Elliot Handler, Ruth Handler, qui créa Barbie (diminutif de leur fille Barbara). Elle reprenait la forme adulte, les cheveux blonds et le principe de Bild Lilli, première poupée mannequin lancée en Allemagne un peu plus tôt.

Si la Barbie caractéristique est blonde aux cheveux longs et aux traits européens, sa couleur de cheveux varie en fait considérablement et son type ethnique s'est diversifié dès 1967 et plus systématiquement à partir de 1980, si bien qu'à ce jour il existe une Barbie pour à peu près tous les groupes ethniques du monde. Elle s'est au fil des ans émancipé et exerce de multiples professions tels que docteur, enseignante, jockey, vétérinaire, hôtesse de l'air, etc. En 1997, Mattel a vendu sa milliardième poupée Barbie.

En fin d'année 2015, un petit garçon apparaît pour la 1re fois dans une des publicités de la marque.,

En 2016, la Barbie traditionnelle aux longues jambes, à la poitrine imposante et à la taille ultra-fine se voit concurrencée par trois Barbie nouvelles : *Tall* (grande et longiligne), *Petite* (toute menue), et *Curvy* (« bien en chair », avec moins de poitrine, mais un petit ventre, des hanches plus larges, ainsi que des fesses et des cuisses arrondies). La collection compte une dizaine de couleurs de peau, plus d'une dizaine de couleurs d'yeux, et plus d'une vingtaine de coiffures.

La nouvelle démarche de la marque vise à se rapprocher de la réalité de la population féminine américaine en abandonnant une partie des stéréotypes véhiculés par Barbie.

La collection Barbie Fashionistas 2020 propose des physiques encore plus originaux et parfois longtemps attendus : une Barbie avec des tâches de rousseurs, une Curvy aux cheveux multicolores et même une poupée atteinte de vitiligo, ainsi qu'un Ken roux et un Ken aux cheveux longs.

lever 06 h 49
coucher 21 h 17, - 3

lundi 8

Dominique

lever 06 h 51
coucher 21 h 15, - 3

mardi 9

Amour

lever 06 h 52
coucher 21 h 14, - 3

mercredi 10

Laurent

lever 06 h 53
coucher 21 h 12, - 3

jeudi 11

Claire

· DICTON · *Coccinelle vole haut, il fera beau.*

JEU DE SOCIÉTÉ

Le Scrabble

Créé par un Américain au chômage, le Scrabble devint l'un des plus grands jeux au monde. La première version, appelée Lexico, est née en 1931. Après amélioration des règles du jeu et changement de nom, la grille actuelle du Scrabble naît en 1938 de l'imagination de l'architecte new-yorkais Alfred Mosher Butts. Dix plus tard, le jeu est commercialisé à petite échelle, mais c'est à partir de 1952 qu'il devient populaire. L'histoire raconte que Jack Strauss, le directeur du célèbre magasin Macy's à New York, y est pour beaucoup : en revenant de vacances où il a testé ce nouveau jeu, il se met en colère lorsqu'il découvre qu'il n'est pas dans ses rayons. Fin 1954, les ventes dépassent les 4,5 millions d'exemplaires aux États-Unis.
Le jeu est alors exporté, et il devient populaire en France dans les années 1960. Là encore, les éditions se multiplient et le jeu existe aujourd'hui en 36 langues et dans 121 pays. La grille de 15 cases sur 15 permet aux joueurs de créer des mots à partir des sept lettres tirées au hasard. Il faut alors placer les mots les plus longs – un scrabble, soit un mot de 7 lettres, rapporte 50 points supplémentaires – avec des lettres dont les valeurs ont été calculées en fonction du degré de difficulté à les placer. Il faudra aussi essayer de profiter des cases « lettre compte double « ou « mot compte triple » placées sur le plateau. De mémoire de joueur, on ne fera pas mieux que « whiskeys » placé sur deux cases « mot compte triple » et le K sur « lettre compte double » : 482 points !

PORTRAIT DE FEMME

SONITA ALIZADEH (1996)

Sonita Alizadeh milite contre le mariage forcé des jeunes filles, ayant elle-même échappé courageusement par deux fois à des mariages que sa famille voulait lui imposer.
Bien qu'il soit interdit pour une femme de chanter publiquement en Iran, où elle réside alors, elle publie en octobre 2014 sur YouTube une vidéo où elle s'exprime en rap, *Brides for Sale (Mariées à vendre).*

ROSA BONHEUR (1826-1899)

Marie-Rosalie Bonheur artiste peintre sculptrice est la première femme peintre à recevoir la légion d'honneur, en 1865.

En 1894, elle devient la première femme promue au grade d'officier.
Femme indépendante, elle a toujours refusé de se marier : *« le mariage fait des femmes des subalternes de l'homme »*

lever 06 h 54
coucher 21 h 10, - 3

vendredi 12

Clarisse

lever 06 h 56
coucher 21 h 09, - 3

samedi 13

Hippolyte

lever 06 h 57
coucher 21 h 07, - 3

dimanche 14

Évrard

SEMAINE 32

***août* 2022**

• DICTON • *S'il pleut pour l'Assomption, tout va en perdition.*

Jean Antoine (Dit John) Bost

Reconnue d'utilité publique depuis 1877, la Fondation John BOST connue autrefois sous le nom des « Asiles de La Force » a été fondée en 1848. C'est le pasteur Jean Antoine (dit John) Bost, pasteur d'une des Églises protestantes du village de la Force en Dordogne qui initia cette œuvre pour « accueillir au nom de son Maître ceux que tous repoussent ». Dès l'origine John Bost souhaite que cet accueil se fasse dans un environnement ouvert « sans mur ni clôture ». Cet accueil s'adressait alors à des personnes en situation de détresse sociale et à des enfants handicapés, malades, incurables pour lesquels rien n'était prévu. Jusqu'à la mort de John Bost en 1881, neuf pavillons seront créés.

Professeur de piano, il suivra les cours de Chopin et entame une brillante carrière de violoncelliste qu'il abandonne lorsqu'il se convertit et devient Pasteur. Il consacre toute sa vie et son énergie à la création « des Asiles de La Force » et se révéla être un pédagogue hors pair.

En 1861, à 44 ans, il épouse Eugénie Meynardie de Ponterie-Escot, qui a attendu 12 ans pour que son père autorise cette union. Elle a 27 ans. On a peu parlé de l'aide considérable et déterminante qu'elle a apportée à son mari, aussi bien moralement que matériellement.

La Fondation John Bost dispose, à l'heure actuelle, d'environ 1 850 places, réparties dans 38 établissements ou services sanitaires et médico-sociaux répartis dans toute la France.

JOUET

Sophie la girafe est un jouet pour les nourrissons créé en 1961 – le 25 mai, date de la sainte-Sophie, dont elle tient dès lors son nom – par la société Delacoste, héritière de la société Derolland qui fabrique des jouets en caoutchouc depuis 1862 à Asnières-sur-Oise. Devenu objet culte en France, ce jouet est désormais fabriqué par l'entreprise haute-savoyarde Vulli, située à Rumilly, qui a racheté la société Delacoste en 1981 avant de relocaliser la production sur son site au début des années 1990.
Il s'agit d'une girafe en caoutchouc naturel de 18 centimètres de hauteur, tachetée au pochoir de noir et de marron, creuse, avec un sifflet produisant un couinement caractéristique.

Elle est destinée au nourrisson de quelques mois, principalement pour différents aspects de son éveil (et pour se faire les dents). L'aspect du modèle n'a pratiquement pas évolué depuis sa création.
Ce jouet met en éveil tous les sens du bébé : la vue avec ses couleurs contrastées, le toucher avec ses parties en relief — la préhension est facile grâce à sa taille et aux quatre pattes et au cou, d'épaisseur différentes —, l'ouïe grâce à son sifflet, mais aussi l'odeur et le goût, grâce au caoutchouc naturel. La peinture utilisée est de qualité alimentaire et le jouet peut donc être mordillé sans danger.
Symbole par excellence du premier jouet d'éveil, commercialisée à plus de 50 millions d'exemplaires dans 40 pays, Sophie la girafe est devenue intemporelle et transgénérationnelle…

lundi 15	mardi 16	mercredi 17	jeudi 18
lever 06 h 58 coucher 21 h 05, - 3	*lever 07 h 00 coucher 21 h 04, - 3*	*lever 07 h 01 coucher 21 h 02, - 3*	*lever 07 h 02 coucher 21 h 00, - 3*
ASSOMPTION	Armel	Hyacinthe	Hélène

La maison John et Eugénie Bost, un musée pour comprendre la différence

La Fondation John BOST a inauguré un nouveau musée le 4 mars 2017, jour du bicentenaire de la naissance de John Bost. Ce musée retrace bien sûr l'histoire de John Bost et de son épouse Eugénie, l'histoire de l'œuvre de leur vie: la création des «asiles de Laforce» au XIXe siècle, mais surtout l'extraordinaire aventure humaine au service des personnes malades et handicapées, initié par le couple Bost et qui, du village de La Force, essaime désormais sur de nombreux sites.
Son parcours immersif – très ludique et pédagogique – a pour vocation de favoriser le changement de regard des personnes et de la société sur le handicap et la maladie mentale.
https://maisonbost.com/

Les jeux de boules

Ils sont réservés aux hommes et se distinguent par leur spécificité régionale: boule lyonnaise, pétanque, provençale, boule de fort...
L'ancêtre de ce jeu d'adresse (la sphéristique) viendrait des Grecs pour lesquels il s'agissait plus d'une gymnastique que d'une activité ludique. Au départ, il fallait juste lancer les boules le plus loin possible; ce sont les Romains qui introduisirent un but à atteindre.
Le jeu fut repris au Moyen Âge (le but devait alors être placé devant un petit fossé dans lequel il ne fallait pas faire tomber les boules). Ce divertissement eut un tel succès qu'il fut interdit par Charles V au XIVe siècle.

La boule traditionnelle en France est la Lyonnaise, née vers 1850. Pratiquée sur un terrain de 27,50m, elle répond à des règles strictes et se joue en 13 ou 15 points. La boule provençale n'est pas très différente.

La Pétanque vient de l'occitan *pes tanques*, qui signifie pieds joints. L'histoire raconte qu'elle serait née en 1907 à La Ciotat de l'incapacité d'un joueur (Jules Hugues dit «Lenoir») à effectuer la course de trois pas devant précéder un lancer dans le jeu traditionnel.
Jouée un contre un, en doublette ou en triplette, la pétanque où l'on lance les boules au plus près du cochonnet est en tout cas la reine des jeux de boules.
Dans les années 1920, la popularité croissante des jeux de boules en France crée une demande qui ne peut pas être satisfaite avec les réserves de buis. Paul Courtieu et Vincent Miles développent une boule entièrement en métal. Évitant les alliages d'acier (trop durs et prompts à rouiller), ils mettent au point un alliage d'aluminium et de bronze et, en 1923, brevettent une boule en métal réalisée par deux hémisphères soudés entre eux. En 1924, ils brevettent une boule fondue d'une seule pièce, «La Boule intégrale».

lever 07 h 03
coucher 20 h 58, - 3

vendredi 19
Jean Eudes

lever 07 h 05
coucher 20 h 57, - 3

samedi 20
Bernard

lever 07 h 06
coucher 20 h 55, - 3

dimanche 21
Christophe

SEMAINE 33

août 2022

· DICTON · *Les nuits d'août trompent sages et fous.*

PORTRAIT DE FEMME

Kathrine SWITZER (1947)

Kathrine Switzer est la première femme américaine à avoir couru le marathon de Boston en 1967, 5 ans avant que les femmes ne soient officiellement autorisées dans la compétition.
Jock Semple, un des organisateurs du marathon, avait tenté de l'empêcher de courir, sans succès.

Le loto

Le QUINE ou le LOTO ou la rifle ou la «poule au gibier», suivant la région, est un jeu de hasard. Organisé par des associations pour renflouer leurs caisses, il réunit un grand nombre de joueurs attiré par les lots à gagner. Il peut se jouer également en famille ou dans les clubs du 3e âge créés à partir des années 1960.

À l'origine, «quine» est un nom masculin. D'après le Larousse il peut être employé au féminin ou masculin. D'après le dictionnaire Le Petit Robert, le mot apparaît au pluriel, «quines», en 1155. Il provient du latin «*quinas*», accusatif féminin pluriel de «*quini*», signifiant «cinq chacun». Il désignait, dans les anciennes loteries, «cinq numéros pris et sortis ensemble».

Le nom de «loto» vient de l'italien «*lotto*», qui signifie «lot». L'invention du jeu de loto est souvent attribuée à l'Italien Benedetto Gentille. Ce dernier aurait tout simplement transformé en jeu le mode de renouvellement des membres du Conseil municipal de sa ville de Gênes. C'est François Ier qui l'aurait importé en France à son retour de la campagne d'Italie. Ce jeu est aussi à rapprocher du Cavagnole.

Le Loto traditionnel ou Quine est devenu courant au XIXe siècle. Dans certaines régions de France, ce jeu est resté plus populaire que le Loto national (créé en 1933). Les pays anglo-saxons, eux, jouent au bingo, similaire au loto.

Le théâtre de marionnettes

La marionnette, ou petite Marie, désigna d'abord les figurines de la Vierge avant de prendre le sens profane que nous lui connaissons aujourd'hui. Si l'on peut faire remonter l'origine des marionnettes à l'Antiquité, celle de **Guignol** est beaucoup plus récente. C'est un Lyonnais, Laurent Mourguet, ouvrier en soie reconverti, qui crée, vers 1808, avec le succès qu'on lui connaît, les personnages de Guignol, Gnafron et Madelon.

À l'origine, ce théâtre déroule un canevas improvisé non écrit servant de gazette locale à caractère comique.

Le spectacle se pratique dans un castelet, selon la technique du *burattino* ou «marionnette à gaine» dont les particularités impliquent une gestuelle spécifique et des accessoires disproportionnés donnant lieu à un comique de situation caractéristique de la commedia dell'arte.

lever 07 h 07
coucher 20 h 53, - 3

lundi 22

Fabrice

lever 07 h 09
coucher 20 h 51, - 3

mardi 23

Rose de Lima

lever 07 h 10
coucher 20 h 49, - 3

mercredi 24

Barthélemy

lever 07 h 11
coucher 20 h 48, - 3

jeudi 25

Louis

· DICTON · *Pluie d'août fait truffes et marrons.*

La SENSITIVE (ou mimosa pudica)

Des feuilles qui se replient dès qu'on les touche ou qui se referment à la nuit tombée pour se protéger. C'est le mécanisme de défense étonnant de la sensitive. On raconte qu'une nymphe aussi belle que sage fut aimée du berger Iphis. Quatre jours avant son union, Iphis, ne pouvant résister à la violence de sa passion, poursuivit la nymphe dans les bois. Près de succomber, la jeune fille appela à son secours le dieu Hymen, qui la changea en sensitive pour échapper au berger trop entreprenant. Dans le langage des fleurs, elle est le symbole de la pudeur.

JEU DE SOCIÉTÉ

Le Monopoly

Inventé en 1930 par un chauffagiste américain au chômage, Charles Darrow, ce jeu permit à celui-ci et à ses proches d'échapper à la triste réalité quotidienne d'un pays ravagé par la crise économique, en achetant et en vendant des terrains, en construisant des hôtels, en spéculant, en devenant richissime ou bien en se ruinant en quelques heures, bref en éprouvant toutes les émotions d'un financier de haut vol. Il s'inspirait sans doute d'un autre jeu un peu antérieur, inventé par Elizabeth J. Magie au début du xxe siècle, le Landlord's Game, réédité en 1932 sous le nom de Finance.

En 1934, Darrow se voit refuser son jeu par la Parker Brothers,qui le juge trop long et trop complexe. Il en poursuit cependant la fabrication artisanale, et se voit récompensé par l'accueil triomphal que lui réserve le public. Parker revient alors sur sa décision et lance le jeu sur une grande échelle.

Il se joue aujourd'hui partout dans le monde dans de multiples et toujours nouvelles versions.

TRUCS & ASTUCES

Si le bêchage du jardin vous a donné **un mal de rein ou si vous souffrez d'une entorse**, trempez une belle feuille de chou dans l'eau bouillante et appliquez-la sur l'endroit douloureux.

lever 07 h 12 coucher 20 h 46, - 3	lever 07 h 14 coucher 20 h 44, - 3	lever 07 h 15 coucher 20 h 42, - 3	SEMAINE 34
vendredi 26	samedi 27	dimanche 28	août 2022
Natacha	Monique	Augustin	

CARTE DU CIEL

LE CIEL VISIBLE VERS LE 15 AOÛT À 1 H

Ce mois-ci, vous en apprendrez plus sur les constellation du Cygne, de l'Aigle, de laFlèche, du Dauphin et du Serpent., Les Géminides ont lieu du 7 au 17 décembre, avec le 14 comme pic d'observation. Mais le nuage le plus célèbre, sans doute parce qu'on prend plus le temps de lever le nez au ciel par les chaudes nuits d'été, et qui a donné naissance aux manifestations des « Nuits des étoiles », c'est celui des Perséides: il se produit du 17 juillet au 24 août, avec un pic le 12 août.

lever 07 h 16
coucher 20 h 40, - 3

lundi 29

Sabine

lever 07 h 18
coucher 20 h 38, - 3

mardi 30

Fiacre

lever 07 h 19
coucher 20 h 36, - 3

mercredi 31

Aristide

MOTS FLÉCHÉS

1 2 3 4 5 6 7 8

CHÂTEAU DE LA LOIRE
PROMENADE AU CHÂTEAU DE MONTPOUPON
ACTEUR FRANÇAIS
CREUSE UNE ENTAILLE
LIEUTENANT PLUS COURT
COULE DANS LE CORPS
GRAIN
ADRESSE D'ORDINATEUR
CUBE
BRAMERA
FILLE
EXISTIONS
PÂTURAGE
FIN DE JOURNÉE
IL A ÉCRIT SUR LE CHÂTEAU DE CHENONCEAU
OCÉAN
PETIT MOUTON
SUR UNE BORNE
FIRMAMENT
AVALERA
BERNER
INFINITIF
MONNAIE DU BRÉSIL
PÉRIODE
COURT
TOUR DU CHÂTEAU DE TOURS
VAGABONDER
SE RENDRA
MONNAIE DU JAPON
FIXA
ARTICLE DÉFINI
« ... VIII » VÉCUT AU CHÂTEAU D'AMBOISE
ACCOMPLIR
NOTRE DAME

Mes notes

SEMAINE 35

août 2022

Septembre 2022

Neuvième mois du calendrier utilisé aujourd'hui, septembre était le septième du calendrier romain, d'où son nom latin *september*, de *septem*, « sept ». Sous la Rome antique, quand mars était le premier mois de l'année, septembre en était le septième, dédié à Bacchus, dieu du Vin et de l'Ivresse, et à Vulcain, dieu du Feu et des Forgerons. Premier mois de l'automne et du calendrier scolaire, septembre profite encore de douces chaleurs et de longues journées pour faire les dernières récoltes, les plus abondantes, et préparer les réserves de l'hiver…

Mes notes

Mes notes

· DICTON · *Pluie de Saint-Gilles ruine les glands.*

Une légende raconte que les fameuses huîtres de Marennes-Oléron n'auraient pas toujours été là… leur introduction dans notre région serait le résultat des aventures d'un certain Matthias.

Matthias habitait dans un taudis à La Chaînade, près de Marennes; il vivotait en vendant des boucs (crevettes grises) qu'il péchait à marée basse dans l'estuaire de la Seudre.

Un jour qu'il était allé proposer ses boucs au château de la Gataudière (celui qui s'élevait bien des siècles avant l'actuel château), son regard avait croisé celui de la fille du Seigneur, alors qu'elle prenait le frais sur son balcon. Jamais le regard de Matthias n'avait croisé un tel regard!… Dès lors il s'était mis en tête de conquérir le coeur de la belle; il lui faisait quotidiennement parvenir toutes sortes de cadeaux pour attirer ses grâces: fleurs sauvages volées à la dune, pomme d'Api volée à la foire… même des crevettes grises en guise de bouquets!… Mais il fut bien vite l'objet des railleries de la part des marennais qui avaient observé son manège et percé ses lubies. La rumeur pris corps, s'enfla et parvint bientôt aux oreilles du seigneur qui, vexé d'apprendre qu'un «galope-chenaux» osait prétendre toucher le coeur de sa fille, décida de chasser l'opportun du pays saintongeais.

Matthias s'exila donc, se jurant de prendre un jour sa revanche sur le sort et les marennais. Il chemina des jours, des semaines, des mois…. Et arriva enfin dans un pays inconnu où l'on parlait une langue différente, chantante, ensoleillée; il aima ce pays; il l'adopta, et les gens l'adoptèrent.

Ces gens-là étaient des «cultivateurs de la mer»: ils semaient et récoltaient ses fruits. Matthias, ignorant ce qu'était une huître, fut au début très surpris: il crut que ce que ces gens ramassaient à la fourche ou à la pelle était tout bonnement des cailloux, dés chails comme on disait chez lui. Et quand un homme ouvrit devant lui un de ces chails pour lui faire découvrir le délicieux coquillage qu'il renfermait, Matthias eut immédiatement une illumination: il allait apprendre tout ce qu'il y avait à savoir sur l'élevage de ces fameux cailloux et revenir ensuite au pays de Marennes.

Ce qu'il fit. Après trois années d'apprentissage, Matthias maîtrisait parfaitement les techniques de l'ostréiculture (même s'il ignorait ce terme). Il avait économisé assez d'argent pour envisager le retour, accompagné d'une bonne mule et d'une solide charrette… qu'il remplit de panières d'huîtres fraîchement récoltées et de récipients d'eau de mer pour arroser ses coquillages durant le voyage.

Malgré tout, quand il arriva dans la baie de Brouage les neuf dixièmes de ses huîtres étaient mortes… mais il en restait assez pour démarrer une petite colonie. Il s'installa donc là, dans des marais salants abandonnés, à l'abri des regards curieux, et commença à ensemencer les bassins… il attendit le temps d'une attente de contes de fées… et quelques temps plus tard: miracle! Non seulement les huîtres avaient prospéré, mais elles s'étaient en plus teintées de nuances d'émeraude qui les rendaient encore plus appétissantes.

Lorsqu'il estima sa production suffisante, il emplit à nouveau ses panières, bien décidé à aller proposer ses huîtres à la cour et au roi de France… non sans avoir fait un petit crochet par Marennes où il avait quelques comptes à régler, et où résidait peut-être encore un coeur en friche!

Il s'arrêta sur le parvis de l'église à l'heure de la sortie de messe. Tous le reconnurent… il n'avait guère changé… à part qu'il semblait plus assuré, tenant une bonne mule par la bride, et menant une belle charrette remplie de panières bien mystérieuses…

«Eh, Matthias! De retour au pays? Alors?… Teurjhou amoureux?…Et dis-don, qu'é-t-ou que tu peurmènes dans tes panières? Matthias souleva deux ou trois couvercles;

lever 07 h 20
coucher 20 h 34, - 3

jeudi 1er

Gilles

– Dés chails!... dés chails!... dés chails!... et qu'é-t-ou que tu comptes fére de thiés chails?
– Eh bin, dit Matthias, aller les vend' à la cour et au roé de France.
– Es-tu fou?... Le souleuil t'a déranghé la tête dans tes voyaghes, mon pauv' Matthias!
– Non, non. Vous allez voér; i' me dounerant de l'or peur mes chails.»
Et Matthias repartit sous les éclats de rire, les moqueries et les quolibets. Ah, on attendait son retour avec impatience.
Trois semaines plus tard, il revenait au pays, assis sur un énorme coffre posé à l'avant de sa charrette. Il était à présent vêtu d'un habit richement brodé et arborait un sourire énigmatique.
En un instant tout Marennes se rassembla autour de la charrette. Matthias ouvrit son coffre, fit couler entre ses doigts les écus d'or devant des dizaines d'yeux ébahis et incrédules:
«Jhe vous avais bin dit qu'i' me douneriant de l'or peur mes chails!»
Un vent de folie souffla alors sur l'assistance: le roi de France et sa cour étaient tombés malades, à l'instar de Matthias... on échangeait là-bas des cailloux pour le l'or!... vite, il fallait profiter de l'aubaine avant que la mode ne change! Tous les habitants, hommes, femmes, vieillards, enfants coururent (dans la mesure de leurs moyens) vers leurs demeures pour se munir de récipients les plus divers et se précipitèrent vers la grève afin de les remplir de galets... qu'ils comptaient bien échanger à la cour contre «espèces sonnantes et trébuchantes»!
Matthias avait bien entendu omis de préciser que ses chails n'étaient pas de vrais chails, et qu'il avait en fait, permis au roi et à toute la cour de découvrir un met des plus délectables. Il avait vendu ses huîtres «à prix d'or»; deux courtisans s'étaient battus en duel pour la dernière panière; la reine avait trouvé une perle et l'avait faite monter en sautoir!
Cependant, pour en revenir aux marennais, c'est un véritable convoi qui se présenta au palais royal afin de déverser d'énormes tas de cailloux au pied des marches du grand escalier d'honneur. Imaginez la surprise, puis la colère du roi, qui, croyant à une nouvelle jacquerie, fit bastonner tous les hommes et renvoya tous ces «manants» en leur terres éloignées.
Le seigneur de La Gataudière apprit l'histoire et s'en amusa fort, paraît-il. Il pardonna à Matthias qui l'avait fait tant rire et lui accorda la main de sa fille sans hésitation en découvrant le contenu du coffre. Par contre, il fit promettre à son gendre, afin que pardon fût complet, d'enseigner aux marennais le moyen de faire fortune à leur tour en ensemençant les bords de Seudre avec ce «drôle de chail». C'est ainsi que les huîtres de Marennes-Oléron s'établirent le long de l'estuaire et firent le bonheur des tables de la France entière, et bien au-delà.

lever 07 h 21
coucher 20 h 32, - 3

vendredi 2

Ingrid

lever 07 h 23
coucher 20 h 30, - 3

samedi 3

Grégoire

lever 07 h 24
coucher 20 h 28, - 3

dimanche 4

Rosalie

SEMAINE 35

septembre 2022

· DICTON · *Le 7 septembre, sème ton blé, car ce jour vaut du fumier.*

Paulo faisait partie de la confrérie des costauds : ceux qui montaient sur leurs épaules les sacs de blé dans le grenier pendant les battages. On leur réservait les meilleurs morceaux au repas du soir d'après battage, et les dix bouteilles de colombard, par jour, ne leur faisaient pas peur !
Mais ce jour-là, Paulo n'avait pas vérifié les rolons de l'échelle… au cours de l'année les cossons avaient fait leur travail de minage. C'est le treizième rolon qui avait cédé sous le poids du sac et de Paulo. On l'avait transporté en urgence, dans la carriole de Camille, à la clinique de Saint-Georges-de-Didonne. C'est le grand patron de la clinique, en personne qui avait opéré : fractures aux deux bras et aux deux jambes et colonne vertébrale bien endommagée. Bref, Paulo était à présent couché sur son lit d'hôpital quasiment plâtré de la tête aux pieds. Son collègue et copain Ulysse vient lui rendre visite à la clinique ; le découvrant ainsi équipé, il lui fait :
« Eh bin tu voés, emplâtré coume thieu, o te manque plus qu'un pigheon su' la tête peur que t'ayes l'air d'une estatue ! »

Réflexion authentique que j'ai pu capter lors de la sortie d'une projection du film « Le septième sceau » d'Ingmar Bergman dans un cinéma de Royan.
Deux dames commentaient la séance ; l'une dit :
« Il était bête ce film, mais il était bête… j'ai rien compris ! »

Jean Morin et Michel Dion évoquaient quelques souvenirs entre deux tours de leur partie de manille au Café du Centre :
« Moé, disait Jean, jh'ai connu ma femme Monique à la balade de Fenioux.
– Oh moé, répondit Michel, o risquait pas de m'arriver : jh'ai jhamais su danser.
– Moé non plus. La Monique al' tenait la buvette.
– Ah, dans thiés conditions, d'accord ! »

lever 07 h 25
coucher 20 h 27, - 3

lundi 5

Raïssa

lever 07 h 26
coucher 20 h 25, - 3

mardi 6

Bertrand

lever 07 h 28
coucher 20 h 23, - 3

mercredi 7

Reine

lever 07 h 29
coucher 20 h 21, - 3

jeudi 8

Nativité de Notre Dame

· DICTON · *Au jardin, si juin fait la quantité, septembre fait la qualité.*

Tout en sirotant leur Suze-cassis à la terrasse du bar du marché de Saujon, René et Lucas commentaient les passages des clientes du marché, qui sortaient pour emprunter (sans intérêt) la rue Carnot:
« Oh bon guieu, dit René, argarde-don la Jhosiane, coume al' a forci... al' attend pas un aut' drôle au moins?
– Non, jhe crés pas; al' est pu d'âghe... mais son gâs m'a dit qu'al' bouffait tout le temps.
– Bin... jhe comprends ça. Un grous vent' de même, o s'rait dommaghe de pas s'en sarvi! »

La mère Grangeaud redoutait plus que tout les consultations médicales pour deux raisons: la première était qu'elle craignait que le docteur lui annonce un mal incurable, la deuxième était la forte douleur que cette consultation imposait à son porte-monnaie. Elle essayait donc, dans la mesure du possible, de régler ses problèmes sanitaires par le biais de Monsieur Jamin, le pharmacien du centre bourg:
« Disez-don, Môssieu Jhamin, coument qu'o se fait que jh'ai teurjhou dés fourmis dans les dés?
Le pharmacien, comprenant bien le but de la mère Grangeaud, coupa court:
– C'est parce que vous mettez trop de sucre dans votre café, Madame Grangeaud! »

« Qu'est-ou que t'as fait le week-end darnier, Jhules? Demande Clovis, le patron du bar des Maronniers à Tonnay-Charente, à son premier client du matin.
– Eh bin, jh'ai m'né une vie château, figure-te.
– Coument thieu, une vie de château?
– Jh'ai em'né ma beurgheoése visiter les châteaux de Crazannes, Panloy, et La Roche Courbon!
– Fan d'yarce! Tu te prives de rin!
– Eh non. Et jh'avons parcouru toute la plaine de Saint Porchaire à Saint Agnant. Jh'y étais pas allé dépeu au moins trente ans... O l'est teurjhou aussi plat!
– Tu sais, en Chérentes, la ghéographie al' boughe pas vite! »

vendredi 9	samedi 10	dimanche 11	SEMAINE 36
lever 07 h 30, coucher 20 h 19, - 3	lever 07 h 32, coucher 20 h 17, - 3	lever 07 h 33, coucher 20 h 15, - 3	*septembre* 2022
Alain	Inès	Adelphe	

La Jacqueline Souché avait pondu un petit champi (un enfant « naturel »)…non par immaculée conception, mais suite à des ébats de fin de soirée du repas de l'oie, lors d'une clôture de vendanges au domaine de Chassagne dans le cognaçais. Les vendanges s'effectuant à cette époque entièrement à la main, le propriétaire était contraint d'employer une importante main d'oeuvre généralement en provenance d'Espagne.
Jacqueline n'avait qu'un souvenir confus de cette fameuse soirée, et encore moins de souvenir de son (ou ses ?) cavalier occasionnel. Quoiqu'il en soit du géniteur inconnu, le « p'tit champi » devint un beau gars, se révélant particulièrement doué pour les études. Aidé par diverses bourses, et soutenu par le propriétaire du domaine, le jeune Antoine Souché était à présent titulaire de diplômes universitaires conséquents et se voyait même parfois invité sur l'unique chaîne de la télévision naissante pour des émissions scientifiques !… Ce qui faisait dire à Jacky Rouyer, un autre employé du domaine de Chassagne :
« Eh bin, fan d'yarce, la Jhacqueline Souché, qu'est sotte coume ine oueille… son champi, Antoéne, est tellement intellighent qu'on comprend rin de c'qu'i' dit ! »

Le vingt-sept septembre dernier, à la foire de Rouillac, une jeune « militante des grandes causes » abordait les passants pour leur faire signer une pétition sur la « liberté d'expression » dans je ne sais quel pays. Elle arrête Raoul Pignon qui s'apprêtait à rentrer au Café de la Place :
« Monsieur, s'il vous plaît, une petite signature pour la liberté d'expression ?…
– Hein ? Fait Raoul, jh'ai rin compris.
– On demande le droit à pouvoir s'exprimer librement… à dire ce qu'on a à dire…
– Oh bin moé, répond Raoul, jh'ai jhamais rin à dire ; et jhe cause jhamais à peursoune. Alors o l'est pas ma signature qui f'ra avancer le schmilblick ! »
La jeune fille ne fut pas loin de penser alors qu'elle avait bien du mérite à faire œuvre de militantisme à Rouillac, un jour de foire.

lundi 12	mardi 13	mercredi 14	jeudi 15
lever 07 h 34, coucher 20 h 13, - 3	*lever 07 h 35, coucher 20 h 11, - 3*	*lever 07 h 37, coucher 20 h 09, - 3*	*lever 07 h 38, coucher 20 h 07, - 3*
Apollinaire	Aimé	Sainte Croix	Roland

· DICTON · *Froid de Sainte-Nadège annonce pour bientôt la neige.*

Une parmi des dizaines de légendes s'attachant à Sainte Radegonde :

Comme quantité d'autres églises ou de villages en Charentes-Poitou, l'église de Talmont-sur-Gironde porte le nom de Sainte Radegonde.

Radegonde fut, disent les livres d'histoire, l'épouse de Clotaire, un des fils de Clovis, roi des francs. On dit que Clotaire, homme de peu de foi et de peu de loi, avait ramené la jeune Radegonde comme une sorte d'otage, après avoir vaincu le père de cette dernière, un prince germanique.

Clotaire garda l'enfant prisonnière quelques temps dans un de ses châteaux en Poitou ; puis, lorsqu'elle eut atteint sa douzième année, faisant fi des récriminations féministes de l'époque, il décida de l'épouser... contre le gré de la jeune fille qui, bien entendu, ne désirait nullement se retrouver à broder un trousseau aux côtés d'un vieillard de quarante ans et peut-être plus !

Clotaire força donc un peu la main, et il épousa Radegonde, massacrant par la même occasion le frère de celle-ci, qui voyait ce mariage d'un mauvais œil... mais, comme disait la servante du château : « Fait-on des omelettes sans casser des œufs ! ».

Cependant, quelques mois plus tard, la jeune épouse parvint à tromper la vigilance des gardes et à s'enfuir. Elle marcha...marcha... aussi longtemps qu'on peut marcher dans les contes de fées, se nourrissant de fruits et de racines, se désaltérant à l'eau des sources ou buvant la rosée des matins.

À force de marcher, elle arriva au bout de la terre ; et pour nous autres, charentais, le bout de la terre c'est l'extrême pointe de la presqu'île de Talmont, là où ne s'élevait pas encore l'église actuelle.

Clotaire avait lancé ses sbires sur la piste de la fugitive, avec des chiens de chasse humant sa trace ; la troupe belliqueuse atteignit elle-aussi la presqu'île. Les chiens se mirent à hurler.

Radegonde n'avait que deux solutions pour tenter d'échapper à ses poursuivants : se jeter dans les eaux limoneuses de la Gironde depuis le haut de la falaise, ou bien se dissimuler sous un épais buisson d'aqua-selzer épineux qui avait poussé là. N'ayant jamais appris à nager, elle opta pour la seconde solution.

Hélas, un oiseau multicolore doté d'un chant mélodieux, avait choisi de bâtir son nid dans ce même buisson. En se glissant sous le buisson, Radegonde avait dérangé la quiétude de l'oiseau qui se mit à crier si fort que la troupe des poursuivants fut alertée. Les sbires écartèrent les branches et découvrirent la frêle jeune femme blottie là. Ils la relevèrent, toute tremblante, et la ramenèrent à son époux, seigneur et maître... (la suite de ses aventures est édifiante, mais nous intéresse moins !)

Dès que les sbires et leur captive eurent disparu, la légende (beaucoup plus intéressante) dit que, dans le ciel, deux nuages s'écartèrent, la main de Dieu apparut et pointa un index menaçant en direction de l'oiseau, tandis qu'une voix puissante tonna : « Comment ! Tu as osé trahir cette jeune femme, presque encore une enfant ! Eh bien, tu seras puni. Ce plumage multicolore dont tu es si fier, tu vas le perdre et tu resteras pour toujours en noir et blanc.... Et ce chant mélodieux dont tu t'enorgueillis tant, tu vas le perdre également ; tu seras doté d'un affreux cri éraillé... et tu resteras pour l'éternité le symbole des bavards !!! »

Depuis, en Charentes (et ailleurs) on dit, parlant d'une commère :

« Oh, al'est bavarde coume ine ajhasse ! » ; vous savez maintenant pourquoi. Depuis cette histoire les pies sont restées noires et blanches et poussent cet affreux jacassement éraillé... et elles demeurent, pour les siècles des siècles, le symbole des bavards.

lever 07 h 39
coucher 20 h 05, - 3

vendredi 16

Édith

lever 07 h 41
coucher 20 h 03, - 3

samedi 17

Renaud

lever 07 h 42
coucher 20 h 01, - 3

dimanche 18

Nadège

SEMAINE 37

septembre 2022

· DICTON · *Le coq en septembre chantant en matinée annonce une abondante rosée.*

Le mouvement de protection du bien-être animal commençait à prendre un certain essor, le transport et l'abattage des animaux de boucherie étaient surveillés de près par les activistes végétariens de tous bords.
Gaston Leroy, qui venait de s'acheter une entrecôte de quatre cents grammes pour lui seul à la boucherie de son ami Roger, boucher à Montguyon, commentait la situation:
« Anneu, les ghens voulant mangher d'la viande, mais i' voulant pas savoér qu'o vint d'un animau vivant. I' mangheant ine rondelle de saucisson, mais i' voéyant pas le goret qu'est darrière.
– Ouais, renchérissait Roger, peur le poésson o l'est pareil, remarque bin; i' z'achetant dés bâtonnets surghelés Findus et i' z'imaghinant même pas le poésson.
– T'as raison; et de même: i' faisant dés drôles... et après, i' sont surpris qu'o l'est des enfants! »

À la foire aux cagouilles de Mortagne-sur-Gironde, le premier dimanche de décembre, Marie-Claude et Bernadette prenaient des nouvelles de leurs petits-enfants respectifs:
« Ah moé, disait Marie-Claude, mon p'tit-fi Kévin est resté à la maison peur pouvoér jhouer aveuc sa tablette!... Jhe comprends pas thieu: anneu les drôles sont teurjhou à tapoter su' leu téléphones et leu claviers. Leu dés marchant pu' vite que leu cerveau.
– M'en parle pas, répondait Bernadette, o l'est pareil aveuc ma p'tite-fille Lola. Enfin, quand même, de nout' temps, les dés o sarvait à se curer le nez et les oreilles.
– Ouais... et p'têt' à aut' chouse étou; mais jhe zou dirai pas! »

Christiane sortait sa poubelle de bon matin pour ne pas louper le ramassage des éboueurs de Barbezieux; elle avait oublié de la sortir la veille au soir comme à son habitude. Elle aperçoit le voisin, Jeannot, qui sortait de chez lui à vélo:
« Té, jheannot, t'es bin matinal anneu. O t'arrive souvent?
– Tous les jhours. Tu zou as jhamais vu, passque tes volets étiant pas ouverts quand jhe passais. Jhe reste jhamais au lit après six heures dau matin.
– Fan d'yarce!... Jh'aurais jhamais cru.
– Bin, tu sais, déjhà quand jhe seus né, jh'étis prématuré... o fait que jh'étis en quéq' sorte prédestiné peur êt' en avance su' le monde! »

Jean-Claude Marié rencontre une vieille connaissance au marché de Saintes un samedi matin:
« Té, Francis!... T'es don pas mort?
– Eh foutre non, répond l'autre, qui é-t-ou qui t'a dit que jh'étis mort?
– Blanchard.
– Blanchard?... Jhulien Blanchard?
– Tout jhuste.
– Boh!... O l'est li qu'est mort! »

lever 07 h 43
coucher 19 h 59, - 3

lundi 19

Émilie

lever 07 h 44
coucher 19 h 57, - 3

mardi 20

Davy

lever 07 h 46
coucher 19 h 55, - 3

mercredi 21

Matthieu

lever 07 h 47
coucher 19 h 53, - 3

jeudi 22

Maurice

· DICTON · *En septembre, si l'osier fleurit, le raisin mûrit.*

Pour ses soixante-dix ans, Marie Ardoin s'était vue offrir par ses enfants un voyage au Maroc, organisé par le Crédit Agricole.

À son retour elle exhibait fièrement une série de photos ramenées de son périple, lors du repas des aînés offert par la municipalité de Burie. Elle était particulièrement fière de montrer celle où elle posait sur le dos d'un chameau sur un fond de dunes et de palmiers.

Son frère Robert appréciait modérément ; lui était resté vieux garçon et n'avait jamais quitté son village natal ; il ne pouvait s'empêcher de melouner :

« Ranghe don tes photos, ma pauv' Marie. Tu crés que t'as boun' mine su' thieu chameau ? Une grand-mère o sert à fére dés confitures peur les p'tits drôles ; o l'a teurjhou été... et v'là-t-i pas qu'al' se mettant à fére dau chameau en Afrique asteure ! Jh'aurons tout vu ! »

Gisèle, la femme d'Arthur Ingrand, était alitée depuis une bonne quinzaine de jours. N'ayant aucune nouvelle, sa voisine Arlette avance jusqu'à la ferme des Ingrand, s'inquiétant du silence de sa commère. En arrivant dans la salle-à-manger-et-à-tout-faire, elle découvre dans un lit installé dans un coin une Gisèle en piteux état : maigre et livide, incapable de se mouvoir, de boire ou de manger, comme d'articuler un seul mot. Paniquée, elle interpelle Arthur :

« O faudrait p't'êt' que t'envoéyes qu'ri un médecin, crés-tu pas, Arthur ?
— Un médecin ! Fan d'yarce, coume t'y vas... Tu crés don qu'al' est rendue si bas ? »

Libra

lever 07 h 48
coucher 19 h 51, - 3

vendredi 23

AUTOMNE
Constant

lever 07 h 50
coucher 19 h 49, - 3

samedi 24

Thècle

lever 07 h 51
coucher 19 h 47, - 3

dimanche 25

Hermann

SEMAINE 38

septembre 2022

CARTE DU CIEL

LE CIEL VISIBLE VERS LE 15 SEPTEMBRE À 1 H

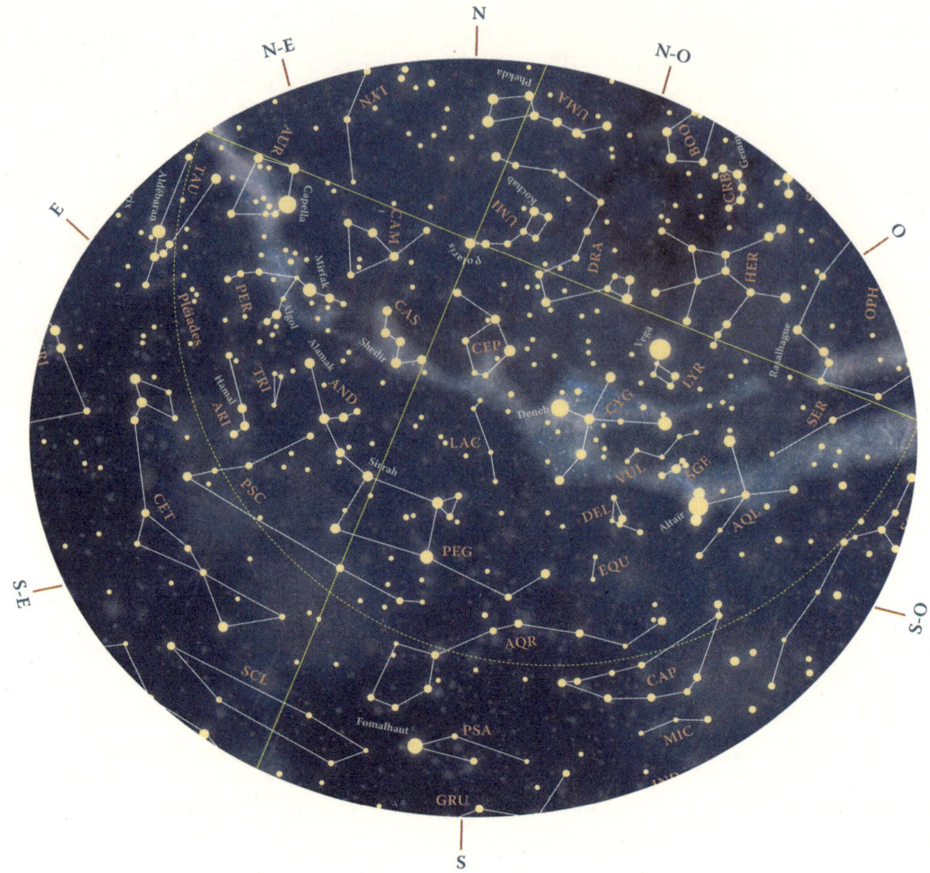

Ce mois-ci, vous en apprendrez plus sur les constellations du Renard, du Capricorne, Petit Cheval, du Poisson Austral et du Verseau.

lever 07 h 52
coucher 19 h 45, - 3

lundi 26

Côme, Damien

lever 07 h 54
coucher 19 h 43, - 3

mardi 27

Vincent de Paul

lever 07 h 55
coucher 19 h 41, - 3

mercredi 28

Venceslas

lever 07 h 56
coucher 19 h 39, - 3

jeudi 29

Michel, Gabriel

SUDOKU

5	6				2	8		
		3		4		7		
	1		3		8		4	2
	9		6				1	
3								
				9	7			
			4	2		6	5	
		9	1	8			3	

				5		1		4
3					9			
1				2				6
4		8						1
6	9						5	8
						2		
	4		7					5
5	8		6	3	1		9	
				9				

		1		2			5	3
						7		
6								1
8	6						2	
1		3				9		4
5				1		6		
		6			3		7	9
			4					
4	3		7	8				

3	5				1			9
	2			8				
			2					
7	9	4						
				2		3		
			1		6			
					8		5	
5				3	9	7		
4	8	1					3	

Mes notes

lever 07 h 57
coucher 19 h 37, - 3

vendredi 30

Jérôme

SEMAINE 39

septembre 2022

Octobre 2022

Dans le calendrier romain, octobre était le huitième mois de l'année, d'où son nom latin *october*, issu du chiffre huit, *octo*. Comme les mois de septembre, novembre et décembre, octobre a conservé son nom dans le calendrier grégorien, mais a changé de place. Le calendrier républicain mis en place à la Révolution, qui se référait aux changements climatiques et à la nature, situait octobre entre vendémiaire, mois des vendanges (22 septembre - 21 octobre), et brumaire, mois des brumes (22 octobre - 20 novembre), indiquant parfaitement les douceurs et les brutalités d'octobre.

Mes notes

Mes notes

· DICTON · *Si on sème à la Saint-Léger, le blé sera léger.*

lever 07 h 59
coucher 19 h 35, - 3

samedi 1er

Thérèse de l'Enfant-Jésus

lever 08 h 00
coucher 19 h 33, - 3

dimanche 2

Léger

Génèse charentaise: Au début il n'y avait rien, le néant total, le vide absolu. Dieu qui arpentait ce néant commença à trouver le temps long et, pour tromper son ennui, il décida d'inventer le monde. Il fit d'abord trois boules: une boule de feu, une boule de neige et une boule de terre.

De son souffle divin il propulsa la boule de feu dans le firmament où elle s'accrocha pour devenir soleil; il fit de même avec la boule de neige qui devint lune; quant à la boule de terre, elle demeura terre. Et c'est en voyant les rayons du soleil et les rais de lune tomber à la verticale sur la terre qu'il eut l'idée de tisser la surface terrestre: avec les fils d'or des rayons de soleil et les fils d'argent des rais de lune, il tendit la chaîne de son ouvrage. Comme une seule navette paraissait bien insuffisante pour l'oeuvre monumentale qu'il s'était fixée, Dieu créa des oiseaux... par milliers... par milliards, qui porteraient la trame et, avec le fil des jours, tisseraient l'environnement que nous connaissons.

C'est l'oiseau de paradis, le roi des oiseaux qui fut chargé de tisser les Charentes, où Dieu installera plus tard son Paradis Terrestre!

Quand l'ouvrage fut achevé, Dieu appela son collaborateur habituel: l'archange Gabriel:

« Dis-moi, Gabriel, qu'en penses-tu ?

— Ah, c'est pas mal, Seigneur. Mais c'est quoi cette tache colorée, là ?

— C'est une partie de terre à laquelle je m'attache particulièrement; je compte l'appeler Charentes.

— Pourquoi ?

— Pour rien... Parce que ça me plaît ! (on ne discute pas les décisions divines).

— Eh bien, franchement, c'est pas juste, Seigneur. Oui, c'est trop beau. Regardez cette côte, ces rivières, ce fleuve, ces collines, ces forêts... et regardez les autres à côté... les malheureux !

— T'inquiète Gabriel, je vais compenser: j'y mettrai les charentais !

— C'est quoi ça encore ?

— Une espèce animale plus ou moins évoluée que j'ai l'intention d'implanter là. Tiens, on va commencer. Va me chercher un baquet d'argile. »

Gabriel s'exécuta, et Dieu commença à modeler un être « à son image » pensait-il... puis il prit à nouveau l'archange à témoin (il n'avait personne d'autre sous la main):

« Qu'en dis-tu, Gabriel ? C'est un homme... un charentais donc. Comment le trouves-tu ?

— Hmm... Pas terrible Seigneur. Un peu rugueux...

— Tu as raison. Pas grave; ça me fera un brouillon ! Va me chercher un autre baquet d'argile, je vais à présent m'attaquer à la femme... la charentaise. »

Cette fois Dieu prit tout son temps pour modeler, arrondir, lisser, peaufiner les formes du corps de la femme... et, le travail fini, fier de lui, il sollicita encore l'avis de Gabriel:

« Ah, bravo! Dit l'archange. C'est beaucoup mieux, Seigneur... Et comment allez-vous l'appeler ?

lever 08 h 01
coucher 19 h 31, - 3

lundi 3

Gérard

lever 08 h 03
coucher 19 h 29, - 3

mardi 4

François d'Assise

lever 08 h 04
coucher 19 h 27, - 3

mercredi 5

Fleur

lever 08 h 05
coucher 19 h 25, - 3

jeudi 6

Bruno

· DICTON · *S'il pleut à la Saint-Denis, l'hiver sera humide mais sans glace.*

– Eh bien, elle est issue du minéral… j'ai donc pensé à « Pierrette ». (On vous montrera à Saint Césaire, près de Saintes, le lieu où furent découverts les restes de la fameuse Pierrette).

L'homme et la femme vécurent donc, selon la volonté de Dieu, en toute sérénité… et cela eut pu durer une éternité, car, à part le peaufinage de finition, ils étaient tout à fait semblables de corps et d'âme ; ni désir, ni envie, ni jalousie, ni lubricité ne troublaient leurs esprits.

Cependant, Satan (sorte de coronavirus né à l'insu de Dieu), qui observait le monde par un oeilleton du ciel, eut bien sûr l'idée diabolique de glisser quelques grains de sable sur cette mécanique trop bien huilée. Profitant d'un assoupissement divin, il se faufila dans le Paradis Terrestre, alors que Pierrette et son homme dormaient toujours. Il sema dans l'oreille de la femme une graine d'égoïsme, et dans l'oreille de l'homme deux graines d'envie et de jalousie… et il attendit. Le résultat ne tarda pas : la femme s'éveilla la première ; elle s'étira…

« Ah Dieu, quelle soif ! Mon homme dort toujours… si j'en profitais pour aller cueillir ces poires magnifiques qui ont mûri dans le verger. » (ce verger se situait en nord-Charente, à peu près à mi-chemin entre Empuré et Embourie). Pierrette cueillit deux superbes poires et, les tenant contre sa poitrine, elle revint auprès de l'homme qui venait à son tour de se réveiller :

« Oh ciel, quelles belles poires tu as cueillies là ! Partage vite avec moi ; j'en meurs d'envie !

– De quoi ?…Mais si j'ai cueilli ces poires, c'est pour les manger seule. Si tu veux manger des poires, va les cueillir toi-même !

– Comment ? Tu refuses de partager avec moi. Ah, par Satan, tiens, je voudrais que ces poires restent attachées à ta poitrine ! »

À peine avait-il prononcé ces mots que, par la volonté de Satan, les poires restèrent collées à la poitrine de la femme, dressées, tendues, arrogantes…

« Ciel ! s'écria-t-elle, de quoi suis-je affublée ? Qui va oser m'aimer, ainsi faite ? »

La femme chercha alors quelque chose pour frapper son homme ; une innocente couleuvre passait par là ; Pierrette la saisit et la jeta en direction de l'homme :

« Tiens, par Lucifer, je voudrais que ce serpent te colle au ventre ! »

L'homme sauta… pas assez haut… et ne put éviter la bête qui s'accrocha à son bas-ventre et se mot à pendouiller lamentablement entre ses cuisses.

« Oh, de quoi suis-je affublé à mon tour ? Se lamenta-t-il. Ah, par Belzébuth, je voudrais… je voudrais… que ce serpent redresse la tête et te morde jusqu'à l'enflure ! »

Mais le bruit de la dispute avait éveillé Dieu. Il saisit sa longue-vue, vit, et tonna :

« On profite de ma sieste pour perturber le monde !…Oh, je vois… je vois ! Eh bien, vous serez punis à jamais. Désormais vous resterez faits comme vous l'êtes à présent ; toi, avec tes protubérances monstrueuses ; et toi, avec ton appendice ridicule !… Et vous devrez en passer par eux pour vous reproduire : car le serpent de l'homme redressera la tête et mordra la femme jusqu'à l'enflure…et de cette enflure, naîtra votre progéniture. Il en sera ainsi pour les siècles des siècles. »

« Amen ! » conclurent Pierrette et son homme tout penauds.

Voilà pourquoi, nous autres charentais (et tous les autres) sommes tels que nous sommes ; et c'est la raison pour laquelle nous devons, pour nous reproduire, accomplir cet acte indigne, monstrueux… mais, si délicieusement diabolique !!!

lever 08 h 07
coucher 19 h 23, - 3

vendredi 7

Serge

lever 08 h 08
coucher 19 h 22, - 3

samedi 8

Pélagie

lever 08 h 10
coucher 19 h 20, - 3

dimanche 9

Denis

SEMAINE 40

octobre
2022

• DICTON • *Saint-Wilfried ensoleillé, deux jours plus tard emmitouflé.*

Profitant d'une «offre promotionnelle spéciale Toussaint» lancée par la Poste et les Pompes Funèbres, Jean-Claude et Maryse Dubois, de Julienne (16), s'étaient achetés une concession au cimetière de Jarnac:
«Al ' est jhuste à couté du tombeau de Mitterrand, racontait Jean-Claude à son voisin, coume thieu, jhe s'rons sûr d'avoér de la visite!»

« Es-tu fils unique, toé, Alcide? Demande René Bouquet à son partenaire de boules sur le champ de foire de Ruelle-sur-Touvre.
— Bin, jh'ai eu un frère, cinq ans pu jheune que moé, mais i' l'est mort à la naissance.
— Ah, fait René légèrement embarrassé, o fait pas grous de points peur la retraite, thieu!»

Une anecdote que mon ami Jean-Claude Lucazeau a racontée par ses dessins, au moment où des scientifiques ont découvert des traces d'eau sur la planète Mars:
Deux piliers de bistrot, Henri et Charles, sont accoudés au comptoir du café de la mère Méchin à Épargnes (17), Henri jette un œil sut un journal Sud-Ouest posé sur un coin de table et découvre l'information:
«Ah dis-don, Charles, i z'ont trouvé de l'eau su' Mars!
— Oh bin, répond Henri, o faudra pas qu'i' comptiant su' moé peur êt' candidat au voéyaghe… jhe boés que du vin!»

Le docteur Boucher s'était rendu à la ferme des Rousseau, de Sigogne (16), suite aux insistances pressantes d'une voisine qui avait constaté l'état de délabrement avancé de la mère Rousseau. Après avoir examiné la grabataire, il s'était adressé à Joseph, le mari:
« Monsieur Rousseau, votre femme est au plus mal… une grande faiblesse… on peut dire que le ressort est au bout du rouleau…
— Oh alors, faut pas compter pas su' moé peur remonter le mécanisme ! » avait conclu Joseph, fataliste.

lever 08 h 11
coucher 19 h 18, - 3

lundi 10

Ghislain

lever 08 h 12
coucher 19 h 16, - 3

mardi 11

Firmin

lever 08 h 14
coucher 19 h 14, - 3

mercredi 12

Wilfried

lever 08 h 15
coucher 19 h 12, - 3

jeudi 13

Géraud

· DICTON · *Souvent la Sainte-Thérèse apporte un petit été, mais surtout, jardinier, ne va pas te déshabiller.*

RECETTE

Le Baeckoffe de Solange

500g de gîte de bœuf
500g d'épaule de porc
500g d'épaule de mouton
500g d'épaule de veau
2 kg de pommes de terre
Pour la marinade :
250g d'oignons
2 blancs de poireau
1l de vin blanc d'Alsace
persil
laurier
sel
poivre

Pendant 24 heures, faire macérer la viande préalablement coupée en petits morceaux dans la marinade. Une fois la viande marinée, couper les pommes de terre en fines lamelles.
Dans un grand plat, disposer successivement des couches de viande et de pommes de terre en terminant par une couche de pommes de terre. Verser la marinade sur le tout, recouvrir d'un couvercle et laisser cuire trois heures au four à thermostat 6.
On raconte que le Bäckeoffe (four à pain en allemand) était préparé le samedi par la maitresse de maison qui laissait mariner la viande dans du vin blanc, puis le dimanche, avant de partir pour l'église, elle portait la terrine chez le boulanger afin qu'il cuise pendant la cérémonie qui pouvait durer jusqu'à 3 heures à cette époque.

La VERVEINE

La verveine est surnommée « l'herbe aux sorciers » : les Romains et les Celtes lui attribuaient, au-delà de ses propriétés médicinales, des vertus magiques.
Elle soigne les troubles digestifs, les douleurs menstruelles, le stress et l'anxiété ; elle a aussi une action anti-inflammatoire et fait office de décontractant musculaire : *« faire une application de verveine fraiche pilée avec du vinaigre de cidre ».*
Appelée aussi « herbe à Vénus », elle a pour vertu d'attirer l'amour…

TRUCS & ASTUCES

Pour enlever les **empreintes de doigts** sur les boiseries, frottez avec une pomme de terre coupée en deux. Essuyez ensuite à l'aide d'un chiffon sec.

lever 08 h 16
coucher 19 h 10, - 3

vendredi 14

Juste

lever 08 h 18
coucher 19 h 09, - 3

samedi 15

Thérèse d'Ávila

lever 08 h 19
coucher 19 h 07, - 3

dimanche 16

Edwige

SEMAINE 41

octobre 2022

• DICTON • *À la Saint-René, couvre ton nez !*

JEU DE SOCIÉTÉ

Le jeu de l'oie

Le jeu de l'oie est un jeu de société de parcours où l'on déplace des pions en fonction des résultats de deux dés. Traditionnellement, le jeu de l'oie comprend 63 cases disposées en spirale enroulée vers l'intérieur et comportant un certain nombre de pièges. Le but est d'arriver le premier à la dernière case. Le jeu de l'oie est un jeu de hasard pur.

Sur le plan symbolique, l'oie renvoie à un animal qui annonce le danger. Ce mot aurait les mêmes racines que «oreille» et «entendre». Le jeu de l'oie permettrait ainsi de mieux comprendre le monde. Son tracé en forme de spirale rappelle le labyrinthe à parcourir pour arriver à cette connaissance. Pont, puits, prison, mort sont autant de figures du parcours qui font référence à la mythologie.

Né dans l'Italie de la Renaissance, ce jeu de parcours a traversé les siècles en adaptant ses thèmes et son désign aux diverses circonstances. Depuis le xxe siècle, les jeux de l'oie se sont diversifiés en reflétant parfois les préoccupations contemporaines et l'on trouve des graphismes et des thématiques très variés.

PORTRAIT DE FEMME

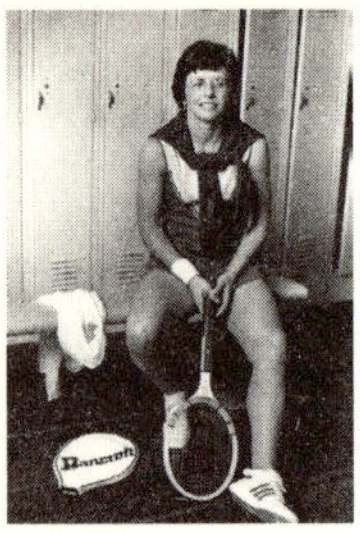

BILLIE JEAN KING (1943)

Billie Jean King, joueuse de tennis américaine, fut la première sportive à révéler son homosexualité.

Ancienne numéro un mondiale et détentrice de 39 titres du Grand Chelem, elle est tout autant connue pour son engagement en faveur de l'égalité des sexes et de la reconnaissance du sport féminin (bataille des sexes 1973).

Mes notes

lundi 17	mardi 18	mercredi 19	jeudi 20
lever 08 h 21, coucher 19 h 05, - 3	lever 08 h 22, coucher 19 h 03, - 3	lever 08 h 23, coucher 19 h 02, - 3	lever 08 h 25, coucher 19 h 00, - 3
Baudouin	Luc	René	Adeline

· DICTON · *En octobre tonnerre, vendanges prospères.*

Jack O'Lantern

Une légende raconte qu'autrefois en Irlande vivait Jack, un homme très avare et méchant. Lorsqu'il meurt, l'entrée au paradis lui est refusée. Le diable aussi le renvoie en lui donnant cependant un morceau de charbon ardent. Jack glisse la braise dans un navet creusé. On dit qu'il erre toujours avec cette lanterne à la recherche d'un endroit où aller.
La tradition de creuser des citrouilles lors de la nuit d'Halloween est revenue vivace aux États-Unis puis en Europe depuis une quinzaine d'années.

POTIRONS, COURGES ET AUTRES CITROUILLES

Les courges, dénommées aussi potirons ou citrouilles dans le langage courant, appartiennent à plusieurs espèces botaniques du genre « cucurbita », une douzaine d'espèces toutes originaires d'Amérique. Les courges sont consommées depuis 10 000 ans et furent introduites en Europe par Christophe Colomb.

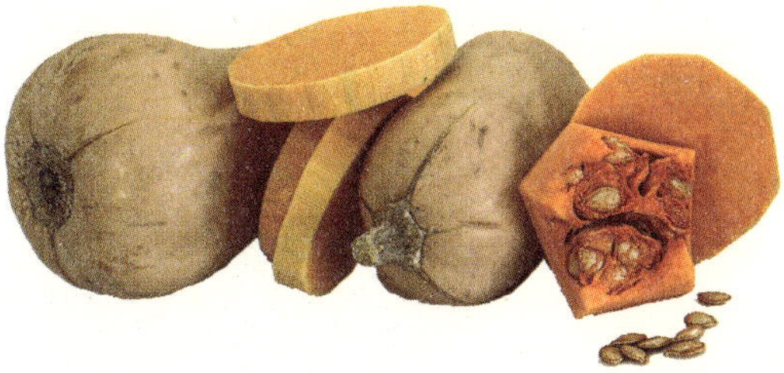

Les graines de courge grillées remplacent avantageusement les traditionnelles cacahuètes grillées apéritives. Elles sont riches en acides gras non saturés, conseillés en cas d'hypercholestérolémie.

Une fois évidé, le potiron se transforme en soupière ou en vase… et même en carrosse !

TRUCS & ASTUCES

Quand vous vous coupez le doigt, attendez que ça ne saigne plus puis appliquez une couche de vernis transparent sur la coupure : ça va empêcher l'infection.

Mes notes

lever 08 h 26
coucher 18 h 58, - 3

vendredi 21

Céline

lever 08 h 28
coucher 18 h 56, - 3

samedi 22

Élodie, Salomé

lever 08 h 29
coucher 18 h 55, - 3

dimanche 23

Jean de Capistran

SEMAINE 42

octobre 2022

À vous de jouer ! À VOUS DE JOUER ! *À vous de joue*

CARTE DU CIEL

LE CIEL VISIBLE VERS LE 15 OCTOBRE À 1 H

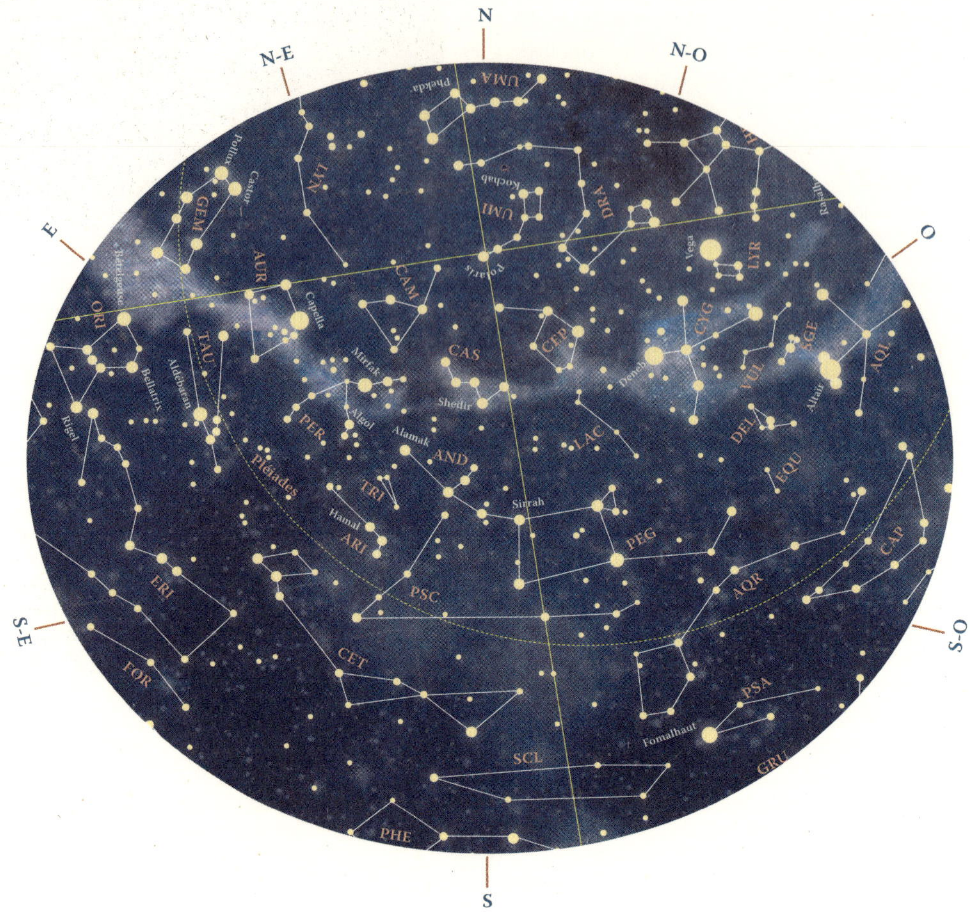

Ce mois-ci, vous en apprendrez plus sur les constellations du Lézard, de Pégase, des Poissons, de la Baleine et d'Eridan.

lever 08 h 31
coucher 18 h 53, - 3

lundi 24

Florentin

lever 08 h 32
coucher 18 h 51, - 3

mardi 25

Crépin

lever 08 h 33
coucher 18 h 50, - 3

mercredi 26

Dimitri

lever 07 h 35
coucher 17 h 48, - 3

jeudi 27

Émeline

À VOUS DE JOUER ! *À vous de jouer !* À VOUS DE JOUER !

MOTS FLÉCHÉS

1 2 3 4 5 6 7 8

CHÂTEAU DE LA LOIRE
IL Y EN A 3 AU CHÂTEAU DE CHINON
ALLONGEA
POMME
SOUS LE SOL
EXISTES
CENTRENT
AUROCHS
A SCULPTÉ « LES GARDIENS » AU CHÂTEAU DU RIVAU
1
6
CONTESTÉE
MÈCHES TENACES
GROUPER
5
ACTEUR FRANÇAIS
SERVITEUR
7
POISON
ASSEMBLÉ
8
RECUEIL DE BONS MOTS
PERROQUET
PREMIER ARRIVÉ
SUPPORT DE GOLF
CITÉ DE CHALDÉE
CHOISI
RIVE
ARTICLE DE MADRID
PÉTILLANT ITALIEN
POINTERA
CHAPELLE DE FONTEVRAUD « SAINT ... »
4
AMAS
SERVICE OBLIGATOIRE
LAC DES PYRÉNÉES
VENTILE
EU LA CAPACITÉ
UNION DE PAYS
3
DIRECTEUR DU MUSÉE DU CHÂTEAU DE BAUGÉ
2

Mes notes

lever 07 h 41
coucher 17 h 42, - 3

lundi 31
Quentin

lever 07 h 36
coucher 17 h 47, - 3

vendredi 28
Simon, Jude

lever 07 h 38
coucher 17 h 45, - 3

samedi 29
Narcisse

lever 07 h 39
coucher 17 h 44, - 3

dimanche 30
Bienvenue

SEMAINE 43

octobre 2022

Novembre 2022

Comme septembre et octobre, novembre voit son nom latin, *november*, de *novem*, « neuf », indiquer la place qu'il tenait dans le calendrier des Romains. Mois froid, mois « mort » des proverbes et dictons, novembre est aussi un mois festif et gastronome. Époque privilégiée des festivals après l'été, mois du film documentaire, mois des produits tripiers depuis 2001, novembre est aussi le mois du beaujolais, des foires et salons de la gastronomie un peu partout en France.

Mes notes

Mes notes

· DICTON · *À la Toussaint, le froid revient et met l'hiver en train.*

Le CHRYSANTHÈME : symbole de vie ou/et de mort

Le nom du chrysanthème vient des mots grecs « chrys » (or) et « anthemon » (fleur) car au départ, il n'existait qu'en jaune d'or.
Originaire de Chine et du Japon où il est symbole de longévité et d'immortalité, il est introduit en Europe vers 1700. Au Japon, on le retrouve sur le sceau de l'empereur. En Chine, il est consommé en infusion pour ses vertus médicinales.
En 1919, Clemenceau appelle les Français à fleurir les tombes des soldats tombés au front ; le chrysanthème, grâce à sa floraison tardive, se répand dans les cimetières et devient la fleur emblématique de Toussaint.

JEU DE SOCIÉTÉ

Les petits chevaux

Ce jeu qui mêle patience et hasard est en fait dérivé du Pachisi, un jeu indien devenu « jeu national » au XVIe siècle. À l'époque, le grand Akbar, qui dirigeait l'Empire moghol, avait un jeu de Pachisi grandeur nature : les pions étaient en réalité de très belles femmes. Après son succès en Inde, ce jeu de course a voyagé jusqu'en Grande-Bretagne au milieu du XIXe siècle où ses règles ont été simplifiées et son nom transformé en Ludo – « je joue », en latin. Il a traversé ensuite l'océan Atlantique et a débarqué aux États-Unis pour s'appeler le parcheesi, The Great Backgammon of India, puis est devenu au XXe siècle un incontournable en France sous le nom de Petits chevaux ou jeu de dada.
Le plateau de jeu, en forme de croix, est alors décoré : on y peint des jockeys et les pions sont des chevaux de différentes couleurs. Deux à quatre joueurs s'affrontent dans une partie qui peut durer longtemps si les dés ne répondent pas aux souhaits des concurrents. IL faut en effet sortir un 6 pour qu'un cheval puisse quitter l'écurie. Il faudra, à la fin, réaliser des scores exacts pour « monter au ciel » et achever la partie. Mais avant de parvenir à cette dernière étape, les chevaux sont en danger permanent : si un joueur adverse arrive sur une case occupée, il renvoie le pion à la case départ.
Le jeu des petits chevaux est en grand classique des après-midi animés en famille.

POÈME

Colchiques dans les prés
Fleurissent, fleurissent
Colchiques dans les prés
C'est la fin de l'été

La feuille d'automne
Emportée par le vent
En ronde monotone
Tombe en tourbillonnant

Châtaignes dans les bois
Se fendent, se fendent
Châtaignes dans les bois
Se fendent sous les pas

Nuage dans le ciel
S'étire, s'étire
Nuage dans le ciel
S'étire comme une aile

Et ce chant dans mon cœur
Murmure, murmure
Et ce chant dans mon cœur
Murmure le bonheur

lever 07 h 42
coucher 17 h 41, - 3

mardi 1er
TOUSSAINT

lever 07 h 44
coucher 17 h 39, - 3

mercredi 2
Défunts

lever 07 h 45
coucher 17 h 38, - 3

jeudi 3
Hubert

· DICTON · *À la Saint-Hubert, les oies sauvages fuient l'hiver.*

PORTRAIT DE FEMME

SIMONE VEIL (1927-2017)

Ministre de la santé en 1974, Simone Veil a notamment défendu le célèbre projet de loi sur l'interruption volontaire de grossesse (IVG).
La «loi Veil» est votée le 17 janvier 1975, moment clé dans l'Histoire des droits des Femmes.

MARIE CURIE (1867-1934)

Cette femme d'exception est la première scientifique à recevoir le prix Nobel. Elle est aussi la seule femme jusqu'à présent à en avoir reçu deux.
Elle fut récompensée pour ses recherches sur le polonium et le radium.

Quelques jeux traditionnels régionaux

Ces jeux étaient utilisés lors des fêtes, dans les estaminets ou dans la rue.

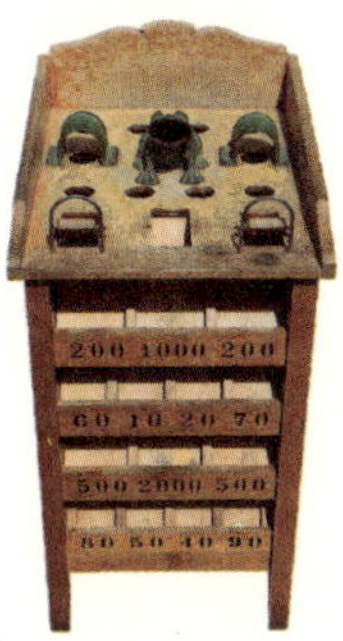

La grenouille: Elle fait partie d'une famille de jeux anciens où il fallait lancer un objet (pierre, palet...) dans un ou plusieurs trous situés au-dessus d'un tonneau, sur une planche de bois... Appelée aussi «jeu du tonneau» ou «jeu de grecque», elle était pratiquée par les soldats en campagnes.

Dans les estaminets du Nord et de Belgique, on joue aussi à **la table à jeu de toupie**, connue depuis le XVIIIe siècle, où il s'agit d'abattre un maximum de quilles à l'aide d'une toupie à laquelle on donne de la vitesse grâce à une ficelle qu'il faut tirer d'un coup sec.

Le birinig en Bretagne: Ce jeu est connu depuis très longtemps, en particulier dans les ports du Nord Finistère. Il semble que ce jeu a pour origine le *skittle table* (ou quilles de table) des garnisons anglaises présentes dans les ports. À cette époque, les soldats organisaient des paris, comme aux dés. Le comptage des points, similaires aux *dart's* des pubs anglais, semble confirmer l'origine du jeu. Il faut parvenir à faire chuter un maximum de quilles, à l'aide de la boule de bois que l'on fait tourner autour du mât en décrivant un cercle complet.

lever 07 h 47
coucher 17 h 36, - 3

vendredi 4
Charles

lever 07 h 48
coucher 17 h 35, - 3

samedi 5
Sylvie

lever 07 h 49
coucher 17 h 34, - 3

dimanche 6
Léonard

SEMAINE 44

novembre 2022

· DICTON · *Temps couvert à la Saint-Geoffroy amène trois jours de froid.*

Le mât de cocagne

Le mât de cocagne est, au XIXe et au début du XXe siècles, l'objet le plus haut de la foire avant d'être dominé par la grande roue. C'est un divertissement populaire, ancestral et très prisé, un jeu de force et d'adresse destiné à tous. Chance, défi et prospérité sont de mise pour un jeu campagnard classique qui fait allusion à une attraction de fête de village récupérée par les champs de foires et les distractions citadines.

Le mât est une longue pièce de bois souvent placée perpendiculairement et pour augmenter la difficulté de l'ascension, il est parfois savonné. Il peut également être placé horizontalement et les lutteurs doivent le parcourir dans toute sa longueur. En haut, trônent les trophées qui sont en l'occurrence à l'époque des aliments ou des objets de valeur : de la viande, des bouteilles de Champagne, des montres à gousset, un sac, du jambon, une pipe, une timbale en or.

TRUCS & ASTUCES

Nettoyant tout usage au sapin

Remplir un contenant de votre choix de branches de sapin que vous aurez préalablement bien lavées à l'eau.
Ajouter du vinaigre blanc pour remplir le contenant.
Laisser macérer dans une armoire à l'abri de la lumière durant au moins 2 semaines.
Filtrer le mélange pour ne conserver que le vinaigre.
Dans une bouteille à vaporisateur, verser le vinaigre jusqu'à la moitié du contenant : finir de remplir avec de l'eau.
Voilà! Un nettoyant tout usage qui sent bon la forêt !

JEU DE SOCIÉTÉ

Le cochon qui rit: inventé en 1932 à Lyon par Joseph Michel qui s'est inspiré d'un jeu pratiqué dans les bistrots. Il a été primé au concours Lépine en 1934. Les premières versions du jeu étaient en bois. Après guerre, les pièces du jeu fabriqué par les établissements *Michel* à Montluel dans l'Ain passèrent en plastique.

PORTRAIT DE FEMME

LUCIE AUBRAC (1912-2007)

Lucie Samuel, (née Bernard), professeur, est, avec son mari Raymond, une résistante française à l'occupation allemande et au régime de Vichy pendant la Seconde Guerre mondiale. Elle s'est appliquée à transmettre son histoire et les valeurs qui lui étaient rattachées aux établissements scolaires.

Mes notes

lever 07 h 51
coucher 17 h 32, - 3

lundi 7

Carine

lever 07 h 52
coucher 17 h 31, - 3

mardi 8

Geoffroy

lever 07 h 54
coucher 17 h 30, - 3

mercredi 9

Théodore

lever 07 h 55
coucher 17 h 29, - 3

jeudi 10

Léon

· DICTON · *Le vent de novembre arrache la dernière feuille.*

Saint Martin

Né en 316 en Pannonie de parents païens, élevé à Pavie, il fut enrôlé en Gaule dans la garde impériale à cheval. À Amiens, il donna à un pauvre la moitié de son manteau (l'autre moitié appartenait à l'armée). Après son baptême, il quitta l'armée, fut ordonné prêtre puis évêque de Tours.
La légende dit que saint Martin, venu évangéliser les Flandres, avait perdu son âne. À la nuit tombée, les enfants du pays se sont mis à sa recherche, avec des lanternes, et l'ont retrouvé dans les dunes. Pour remercier les enfants, saint Martin a transformé toutes les crottes de l'âne en brioches. Cette légende a donné naissance à la fête de Saint-Martin encore célébrée dans les Flandres.
Saint Martin meurt à Candes le 11 novembre 397, mais les tourangeaux dont il était l'évêque enlevèrent son corps à la nuit tombée afin de le ramener à Tours. C'est à l'occasion de ce trajet de retour que, sur son chemin, les arbres et les fleurs refleurirent malgré la saison, ce qui nous donna l'été de la Saint-Martin qui revient à chaque automne.
Ses reliques sont honorées à la basilique Saint-Martin à Tours.
Le 11 novembre 1493, jour de la St Martin, Christophe Colomb découvre une île au nord-est des Antilles. Il la nomme l'île de Saint-Martin. Elle est située à 250 km au nord de l'archipel de la Guadeloupe. Elle est séparée en deux parties : une française, l'autre néerlandaise.

PORTRAIT DE FEMME

BRIGITTE BARDOT (1934)

Actrice, mannequin et chanteuse, elle incarne aussi bien la liberté sexuelle que l'émancipation des femmes.
En 1956, elle dévoile sa nudité dans le film *Et Dieu... créa la femme*, qui déclenche la colère du Vatican mais fait d'elle une égérie internationale. En 1973, BB met un terme à sa carrière pour se consacrer à la défense des animaux.

JEU DE SOCIÉTÉ

Les échecs

Les échecs sont nés en Inde, il y a 1000 ou 2000 ans, sous le nom de Shaturanga. Ils se sont propagés au Moyen-Orient par la route des caravanes (Perse, Irak, Syrie, Égypte), sous le nom de Shatranj, pour finalement être introduits en Europe par les croisés, et largement diffusés par les conquêtes arabes. Les échecs peuvent à la fois être considérés comme un jeu, très populaire dans le monde entier, mais aussi, à haut niveau de compétition, comme un sport et un art : en effet, si les parties sont très éprouvantes nerveusement, elles permettent aux joueurs d'exprimer leurs idées et leur personnalité dans une création chaque fois unique et renouvelée.

lever 07 h 57
coucher 17 h 28, - 3

vendredi 11

ARMISTICE DE 1918

lever 07 h 58
coucher 17 h 26, - 3

samedi 12

Christian

lever 08 h 00
coucher 17 h 25, - 3

dimanche 13

Brice

SEMAINE 45

novembre 2022

· DICTON · *Sainte-Élisabeth nous montre comment l'hiver sera.*

POÈME

Dédié au sud-ouest

Émile Verhaeren (1855-1916)

Sur la bruyère longue infiniment
voici le vent cornant novembre;
Sur la bruyère, infiniment,
Voici le vent
Qui se déchire et se démembre,
En souffles lourds, battant les bourgs;
Voici le vent,
Le vent sauvage de Novembre.

Aux puits des fermes,
Les seaux de fer et les poulies
Grincent;
Aux citernes des fermes.
Les seaux et les poulies
Grincent et crient
Toute la mort, dans leurs mélancolies.

Le vent rafle, le long de l'eau,
Les feuilles mortes des bouleaux,
Le vent sauvage de Novembre;
Le vent mord, dans les branches,
Des nids d'oiseaux;
Le vent râpe du fer
Et peigne, au loin, les avalanches,
Rageusement du vieil hiver,
Rageusement, le vent,
Le vent sauvage de Novembre.

Dans les étables lamentables,
Les lucarnes rapiécées
Ballottent leurs loques falotes
De vitres et de papier.
– Le vent sauvage de Novembre! –

Sur sa butte de gazon bistre,
De bas en haut, à travers airs,
De haut en bas, à coups d'éclairs,
Le moulin noir fauche, sinistre,
Le moulin noir fauche le vent,
Le vent,
Le vent sauvage de Novembre.

Les vieux chaumes, à cropetons,
Autour de leurs clochers d'église
Sont ébranlés sur leurs bâtons;
Les vieux chaumes et leurs auvents
Claquent au vent,
Au vent sauvage de Novembre.
Les croix du cimetière étroit,
Les bras des morts que sont ces croix,
Tombent, comme un grand vol,
Rabattu noir, contre le sol.

Le vent sauvage de Novembre,
Le vent,
L'avez-vous rencontré le vent,
Au carrefour des trois cents routes,
Criant de froid, soufflant d'ahan,
L'avez-vous rencontré le vent,
Celui des peurs et des déroutes;
L'avez-vous vu, cette nuit-là,
Quand il jeta la lune à bas,
Et que, n'en pouvant plus,
Tous les villages vermoulus
Criaient, comme des bêtes,
Sous la tempête?

Sur la bruyère, infiniment,
Voici le vent hurlant,
Voici le vent cornant Novembre.

Mes notes

lever 08 h 01
coucher 17 h 24, - 2

lundi 14

Sidoine

lever 08 h 03
coucher 17 h 23, - 2

mardi 15

Albert

lever 08 h 04
coucher 17 h 22, - 2

mercredi 16

Marguerite

lever 08 h 05
coucher 17 h 21, - 2

jeudi 17

Élisabeth

• DICTON • *Journée de Sainte-Aude, ordinairement n'est point chaude.*

JEU DE SOCIÉTÉ

D'autres jeux passionnent petits et grands depuis des années, notamment ceux mettant en œuvre la **STRATÉGIE.**

Morpion en trois dimensions, **Puissance 4** (1974) demande concentration et méthode pour aligner quatre pions sur une grille face à un adversaire qui tente lui aussi d'atteindre cette ligne et de contrecarrer les plans du premier.

Risk – également intitulé La Conquête du Monde – (créé en 1957 par le Français Albert Lamorisse) met plutôt en œuvre une stratégie militaire qu'on trouve également dans **la bataille navale, appelée aussi Touché-Coulé.**

Les origines du **Go** remontent à 3 000 ans, en Chine. Considéré comme un des plus intéressants jeux de stratégie, il s'est particulièrement développé au Japon, dès son introduction vers l'an 730, où il compte des millions d'adeptes ainsi qu'en Corée et à Taïwan. Connu en Europe depuis la fin du XIXe, il s'est pratiqué de façon plus structurée en France vers les années 70, grâce à la venue du joueur coréen Lim YooJong, qui fut à l'origine de la création de nombreux clubs.

PORTRAIT DE FEMME

Simone DE BEAUVOIR (1908-1986)

Philosophe et féministe incontournable du mouvement de **libération de la femme** dans les années 70.

Simone de Beauvoir est l'auteure du célèbre livre «*Le Deuxième Sexe*». «*On ne naît pas femme: on le devient.*» est probablement la citation la plus connue et représentative de son œuvre littéraire, véritable controverse de l'époque.

La BRUYÈRE

La bruyère ou calluna était autrefois considérée comme une plante magique et d'augure, ayant des vertus protectrices. Son nom vient du grec callunain qui signifie «balayer». On l'utilisait en effet pour faire des balais. Elle est très mellifère. Elle est reconnue pour ses propriétés diurétiques, son effet antiseptique urogénital et son action dépurative. Elle permet également de soigner les rhumatismes et les engelures. En langage des fleurs, elle exprime un amour profond et fort, mais également l'amour de la solitude.

lever 08 h 07
coucher 17 h 20, - 2

vendredi 18

Aude

lever 08 h 08
coucher 17 h 19, - 2

samedi 19

Tanguy

lever 08 h 09
coucher 17 h 19, - 2

dimanche 20

Edmond

SEMAINE 46

novembre 2022

· DICTON · *À la Sainte-Flora, plus rien ne fleurira.*

JEU DE SOCIÉTÉ

Les Jeux de 7 familles

Le jeu date du milieu du XIXe siècle. Les « Happy families » sont nées dans les années 1860 et furent éditées par le fabricant anglais John Jaques & Son avec des illustrations de John Tenniel. À l'origine, ce sont les familles Bonveau (boucher), Duracuir (cordonnier), Duveston (tailleur), Dupétrin (boulanger), Barbichon (coiffeur), Cornichon (l'épicier) et Lapalette (peintre). Mais, depuis, de nombreuses autres familles ont été dessinées, ainsi que des thèmes tels que les animaux, les plantes, les personnages historiques, etc.

Le jeu est composé de 42 cartes réparties en 7 familles. Chacune d'elles est composée de six membres : le grand-père, la grand-mère, le père, la mère, le fils et la fille. C'est un jeu auquel on peut s'essayer au plus jeune âge, car les règles en sont simples et les cartes, imagées, ne nécessitent pas de savoir lire ou compter. Mémoire et observation permettent de réunir le plus grand nombre de familles possible.

RECETTE

Le millas de Liliane

Faire cuire 1 kg de citrouille et 100g de semoule de blé (ou de riz) dans un litre de lait, avec 500g de sucre en poudre.
Écraser le mélange (avec une fourchette),
Y ajouter 125 g de beurre et un peu de rhum
et 6 œufs battus à part avec 200g de maïzena.
Verser le mélange dans 2 plats, y répartir des pruneaux dénoyautés.
Faire cuire 50 min au four, th 170°

PORTRAIT DE FEMME

GISÈLE HALIMI (1927-2020)

Avocate féministe, phare des combats pour les droits des femmes, Gisèle Halimi s'est notamment battue pour renforcer le droit d'accès à l'IVG et pour la criminalisation du viol.

Mes notes

lever 08 h 11
coucher 17 h 18, - 2

lundi 21

Présentation de Marie

lever 08 h 12
coucher 17 h 17, - 2

mardi 22

Cécile

lever 08 h 13
coucher 17 h 16, - 2

mercredi 23

Clément

lever 08 h 15
coucher 17 h 16, - 2

jeudi 24

Flora

· DICTON · *Novembre, mois mort, vêts-toi plus fort.*

Sainte-Catherine

La fête de la Sainte-Catherine se célèbre le 25 novembre de chaque année depuis le xe siècle et commémore le martyre de Catherine d'Alexandrie.
C'est, dans la tradition populaire, une journée dédiée aux femmes d'au moins 25 ans qui sont encore célibataires. En France, la fête était l'occasion pour les femmes célibataires de prier pour avoir un mari. On les appelait « Catherinettes ».
Au Moyen Âge, les jeunes filles qui cherchaient un mari déposaient des rubans et des fleurs à sainte Catherine. Elles piquaient une aiguille dans sa coiffe, en faisant le vœu de se marier.
Par la suite, les filles à marier étaient reconnaissables grâce à un chapeau jaune et vert, indiquant aux prétendants qu'elles étaient libres (le vert symbolise l'espoir et le jaune la famille).
Au xvie siècle, la coiffe de la statue de la sainte était changée tous les 25 novembre. Ce sont les jeunes femmes célibataires entre 25 et 35 ans qui étaient chargées de cette tâche. On dit qu'elle « coiffait Sainte-Catherine », expression encore utilisée aujourd'hui pour dire d'une femme qu'elle n'est pas mariée.

Trucs & Astuces

Pour savoir si des graines peuvent encore germer, plongez-les dans l'eau. Celles qui remontent sont pleines d'air, vous pouvez vous en débarrasser.

Portrait de femme

OLYMPE DE GOUGES (1748-1793)

Parmi les investigatrices du féminisme français, Olympe de Gouges est à l'origine de la déclaration des droits de la femme et de la citoyenne française.
Elle défend dans ses écrits l'abolition de la traite négrière et l'égalité des sexes. Pour s'être opposée à Robespierre, elle sera guillotinée.

Jeu de société

Les jeux de dés

Jeux de hasard par excellence, les jeux de dés ont connus depuis la plus haute antiquité. Dans l'Iliade, Achille et Ajax trompent le temps en se livrant à des parties de dés devant les murailles de Troie ; dans l'Ancien Testament, Jonas est désigné par le sort comme responsable de la tempête qui s'abat sur ses compagnons. Et c'est aux dés que des soldats romains se jouent la tunique du Christ, au pied de la Croix… La numérotation des six faces (deux faces opposées additionnées sont toujours égales à 7) a été inventée par les Grecs au viie siècle avant J-C.
Ils sont des classiques des comptoirs de bars. Le plus connu est le 421, héritier du vieux *zanzi*.

lever 08 h 16
coucher 17 h 15, - 2

vendredi 25

Catherine

lever 08 h 17
coucher 17 h 14, - 2

samedi 26

Delphine

lever 08 h 19
coucher 17 h 14, - 2

dimanche 27

Séverin

SEMAINE 47

***novembre* 2022**

CARTE DU CIEL

LE CIEL VISIBLE VERS LE 15 NOVEMBRE À MINUIT

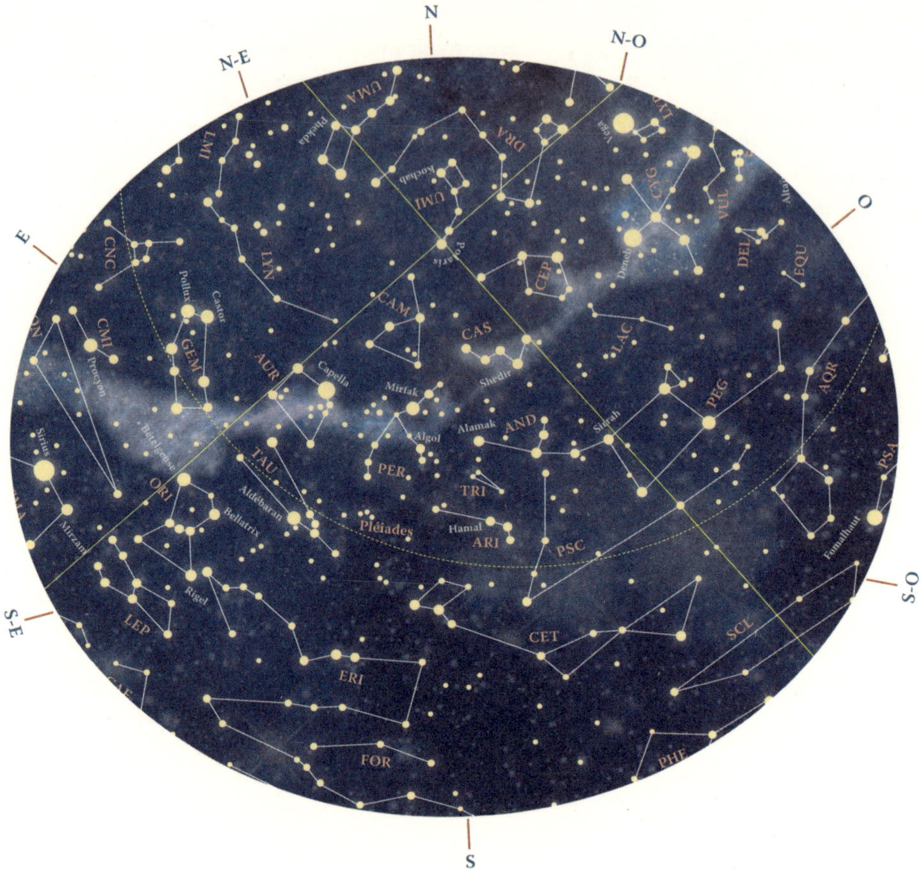

Ce mois-ci, vous en apprendrez plus sur les constellations du Bélier, du Sculpteur, du Lièvre, du Dragon et d'Orion.

lever 08 h 20
coucher 17 h 13, - 2

lundi 28

Jacques de la Marche

lever 08 h 21
coucher 17 h 13, - 2

mardi 29

Saturnin

lever 08 h 22
coucher 17 h 12, - 2

mercredi 30

André

SUDOKU

								8
	4				7			
8			5		2	1		6
								9
4	3	9	6				5	
		7				3		
			2	6	1		4	7
6				9				
	5		4					

		9		2	8	4		
		8			1			
	9		5					
		4			9		7	
1				3		6	5	
3			4					7
	5	7			6		4	
2							6	

			2	3			5	
				9				
1				5	6			9
	9	4						
3						8		6
	5	6	9	7	1	3		
	6	7			8			5
		3	5					4
								3

5	6					7	3	
					7	8		
9	3	8	4					6
1								
	5		6		3	9	1	
8				3	1	6		9
		5		8			4	
				7		1		

Mes notes

Décembre 2022

Pour les Romains, décembre, *december* en latin (du chiffre dix, *decem*), n'était que le dixième mois du calendrier. Aujourd'hui, il marque la fin de l'année et le recommencement d'un calendrier, notamment avec les fêtes dites « de fin d'année », Noël et le Jour de l'an. Premier mois de l'hiver dans l'hémisphère nord, il annonce l'été, le 21 décembre, dans l'hémisphère sud.

Mes notes

Mes notes

· DICTON · *En décembre, mieux valent gel et glace que soleil vivace.*

Chantal Sapin tenait le magasin de la boulangerie de Saint Amant-de-Boixe (16), chez Monsieur Lavaud. Lorsque son fils n'allait pas à l'école -les jeudis en ce temps-là – elle s'arrangeait pour en confier la garde à sa belle-mère. Or, ce jour-là, une grève inopinée des instituteurs l'avait prise au dépourvu ; sa belle-mère n'était pas disponible et Bernard, le mari, travaillait à Angoulême. Chantal fut donc bien obligée de garder le petit Thomas avec elle, à la boutique. Thomas était un garçonnet de sept ans, comme on dit « plein de vie » ! Après avoir trempé ses doigts dans la crème Chantilly des baba-au-rhum, léché le glaçage des éclairs et grignoté l'extrémité des croissants… tout en assumant la réception de trois paires de gifles et d'au moins quatre fessées, il « braillait » à présent pour obtenir une chocolatine ! Chantal frôlait la dépression nerveuse !
Un client de passage entra à ce moment dans le magasin :
« Bonjour Madame. Vous faites des sandwichs à emporter ? Jambon-beurre ?…
– Oui Monsieur, bien sûr. Voilà… et après réflexion : emportez-don le drôle avec ; jhe peux pus le supporter ! »

C'est cette même Chantal qui, quelques mois plus tard, avait changé d'emploi pour aller tenir une guinguette à Montignac, en bord de Charente.

Elle ne quittait jamais son bar. Les clients allaient y prendre commande et s'installaient autour d'une table, à leur gré.
Un nouveau venu, déjà installé à une table, interpella Chantal :
« Madame ? S'il vous plaît… Vous ne servez pas les clients en terrasse ? »
Et Chantal répondit avec esprit :
« Ah non, Monsieur… une fieur, o boughe pas voéyez-vous. O l'est les abeilles qui se dépiacent ! »

Chez Fouché on écoutait les informations à la radio pendant le repas… c'était un moment quasi religieux. Un débat était en cours sur Radio Luxembourg, à propos des rythmes scolaires.
Georges Fouché, le grand-père, encore employé communal à Meursac (17), haussa les épaules :
« Rythmes scolaires… rythmes scolaires… De mon temps, peur moé, o l'était réglé coume dau papier à musique : un jhour jh'y allais, un jhour jh'y allais pas ! »

lever 08 h 23
coucher 17 h 12, - 2

jeudi 1er

Florence

Marius et Louis assistaient aux obsèques de leur vieux copain de boules: Edgard. Le défunt ayant été très pieux, une messe avec communion fut dite pour l'occasion. Au moment de la consécration de l'hostie, le prêtre prononça les paroles liturgiques:

« Mangez, ceci est mon corps; buvez, ceci est mon sang! »

Marius se pencha alors à l'oreille de Louis et lui murmura:

« Tu voés bin qu'on pense qu'à boére et à mangher en France… même dans thiés mouments! »

Léon Rateau se sentait un peu « ballonné » depuis quelques jours, après les festivités de fin d'année; il décida d'aller consulter son médecin de Châteauneuf:

« Il faudrait vous mettre au régime cinq fruits et légumes par jour, Monsieur Rateau…

– Oh mais jh'y seus Docteur, jhe prends cinq légumes, cinq charcuteries, cinq viandes, cinq fruits et cinq bouteilles de roughe à chaque jhour de la s'maine! »

À la sortie de l'église, lors du même enterrement, les deux amis étaient restés un moment sur le parvis pour discuter avec les proches, avant d'aller noyer leur chagrin au café le plus proche.

« Va-t-i se fére enterrer à Jhonza, Edgard? Demanda Marius.

– Eh non; tu sais bin qu'i' l'a teurjhou dit qu'i' se f'rait incinérer.

– Ah ça alors, jhe comprends pas… un mordu de pêche à la ligne coume li… o l'est un total manque de reconnaissance peur les asticots! »

Gérard Michaud de Villejésus et Pierre Andreau de Verdille, se retrouvent à la foire de Noël à Aigre. Pierre est tout étonné de voir son ami Gérard seul (habituellement sa femme Gisèle ne le lâche pas d'une semelle… et elle semble avoir de bonnes raisons, Gérard cumulant les titres et les médailles de buveur et de coureur de jupons).

« Est-ou que Ghisèle est malade, qu'al' t'a laissé v'ni' tout seul à la foère? demande Pierre.

– Non; mais figute-toé qu'à matin al' a lu soun' horoscope dans le jhournau, et o disait qu'o fallait surtout pas qu 'al' sorte; o risquait de li arriver un accident, ou encore pis!

– Oh bin moé, fait Pierre, jhe lis moun' horoscope tous les matins étou… mais après, jhe fais ce que jhe veux! »

vendredi 2	samedi 3	dimanche 4	SEMAINE 48
lever 08 h 25 coucher 17 h 12, - 1	lever 08 h 26 coucher 17 h 11, - 1	lever 08 h 27 coucher 17 h 11, - 1	**décembre 2022**
Viviane	François-Xavier	Barbara	

· DICTON · *Le jour de Saint-Nicolas de décembre est le moins froid.*

Le sapin de Noël

Dans les croyances païennes, les conifères symbolisaient la vie éternelle, le renouveau. Les celtes et les scandinaves décoraient un arbre au moment du solstice d'hiver. Les cultes chrétiens ont pris leur origine dans les anciens cultes païens, ainsi en est-il de la tradition du sapin, que saint Boniface essaya d'introduire à partir du VIIIe siècle. Mais ce n'est qu'au début du XVIe siècle, en Alsace, que la tradition telle que nous la connaissons aurait fait son apparition.

En 1858, une grande sécheresse priva les Vosges du Nord et la Moselle de pommes et de fruits en général. Les sapins n'avaient donc pas de décorations. Un souffleur de verre imaginatif de Goetznbruck, petit village de l'est mosellan, essaya de trouver une solution à ce problème en soufflant des boules de verre.

La légende de st Nicolas

L'hiver approchant, trois enfants, partis glaner dans les champs, se perdent sur le chemin du retour ; attirés par la lumière filtrant des fenêtres d'une maison, ils s'approchent et frappent à la porte. L'homme qui leur ouvre, Pierre Lenoir (*Peter Schwartz* dans la culture germanique), boucher de son état, accepte de leur donner l'hospitalité pour la nuit.

En fait, sitôt les enfants entrés, il les tue, puis, à l'aide d'un grand couteau, les coupe en petits morceaux, pour finalement les mettre dans son saloir.

Saint Nicolas, chevauchant son âne, passe par là et frappe à son tour à la porte du boucher. L'homme, n'osant pas rejeter un évêque, le convie à dîner. Son invité lui demandant du petit salé, le boucher comprend qu'il est découvert et, pris au piège, avoue tout. Le saint homme étend alors trois doigts au-dessus du tonneau de petit salé, reconstituant et ressuscitant ainsi les trois enfants.

Saint Nicolas enchaîne ensuite le boucher à son âne et le garde auprès de lui pour le punir. Celui-ci devient le père Fouettard, être mauvais, dont le rôle est de réprimander les enfants désobéissants.

lever 08 h 28
coucher 17 h 11, - 1

lundi 5

Gérald

lever 08 h 29
coucher 17 h 11, - 1

mardi 6

Nicolas

lever 08 h 30
coucher 17 h 11, - 1

mercredi 7

Ambroise

lever 08 h 31
coucher 17 h 11, - 1

jeudi 8

Immaculée Conception

· DICTON · *Visite les ruches à la Saint-Daniel mais ne leur ôte pas de miel.*

Le POINSETTIA

L'espèce est communément appelée «**étoile de Noël**» car ses bractées forment une étoile et elle est principalement commercialisée à l'époque de Noël dans l'hémisphère nord

Une légende datant du XVIe siècle raconte qu'au Mexique vivait Lola, une petite fille très pauvre. Elle voulait offrir un cadeau pour l'anniversaire de Jésus et avait cueilli des mauvaises herbes pour en faire un bouquet avec, parce que cette petite fille savait qu'un don humble offert avec amour était bon aux yeux de Dieu. Dans l'église le bouquet s'est transformé en superbes fleurs rouges.

Le **HOUX** symbolise la persistance de la vie végétale. Comme beaucoup de plantes piquantes il protège des maléfices

JEU DE SOCIÉTÉ

Les dominos

Les dominos sont apparus pour la première fois en Europe au XIVe siècle, introduits, selon la légende, en Italie par Marco Polo, au retour de l'un de ses voyages en Orient.

Le nom domino pourrait quant à lui venir d'une expression utilisée dans les couvents, où le jeu était très en vogue. Les moines souhaitant gagner une partie s'exclamaient en effet: «Domino Gratias!» (je rends grâce à Dieu).

Fort semblables aux cartes, par les points qui les marquent et les combinaisons qu'ils permettent de réaliser, les dominos ont souvent remplacé ces dernières dans les pays qui en interdisaient l'utilisation pour des raisons de moralité.

TRUCS & ASTUCES

Sollicitées par le froid, la chaleur, et les agressions ordinaires, **les mains apprécient toujours d'être hydratées**

Pour 100 ml de crème, faites fondre au bain-marie 4 cuillères à soupe d'huile de coco et 3 de beurre de karité. Ajouter au mélange hors du feu 2 cuillères à soupe d'huile d'amande douce, 2 d'huile de bourrache puis 15 gouttes d'huile essentielle de petit grain bigarade pour le parfum d'orange. Appliquez tous les soirs; vous pouvez aussi en faire profiter vos pieds.

vendredi 9	samedi 10	dimanche 11	SEMAINE 49
lever 08 h 32 coucher 17 h 11, - 1	lever 08 h 33 coucher 17 h 11, - 1	lever 08 h 34 coucher 17 h 11, - 1	*décembre* 2022
Pierre Fourier	Romaric	Daniel	

· DICTON · *À la Sainte-Luce (le 13), les jours allongent d'un saut de puce.*

Le Fagotier de St Sauvant

François Chauveau était fagotier en forêt de Saint Sauvant (17); c'était un être frustre et rustre. Entre l'oreille gauche et l'oreille droite il n'avait guère autre chose qu'un grand vide, balayé par les courants d'air!

Un soir de Noël, alors qu'il liait ses derniers fagots de la journée, François eut dans sa clairière une étrange visite: un grand homme, avec une longue barbe blanche, vêtu d'une tunique noire et argent et coiffé d'un haut chapeau pointu.

« Ah!... vous m'avez fait grand pour, s'exclama François, qui êtes-vous don?

– Je suis le génie de la forêt. Je t'ai vu ici, seul en ce soir de Noël; j'ai eu pitié de toi et je suis prêt à exaucer pour toi un vœu que tu formuleras. Que désires-tu François? Parle sans t'émouvoir.

– Bin... jhe sais pas trop... ou putôt, si. Au bourg les ghens se moquant teurtous de moé passqu'i' disant que jhe sus pas trop fin; alors, si vous peuviez me rend' un pt'it pus intellighent...

– Eh bien je vois que tu es un sage, François; je suis tout disposé à exaucer ce vœu. »

Le génie sortit de sa manche une baguette d'argent et toucha légèrement le brin de laine qui dépassait sur le bonnet du fagotier. Immédiatement ce dernier se sentit grandir de plusieurs centimètres; il redressa sa tête et ses épaules et retourna au village, marchant comme s'il était chaussé de bots munis de semelles à ressort!

La première personne qu'il croisa fut son voisin: Pierre Soulard, qui lui servit la moquerie habituelle qu'on lui réservait depuis l'enfance:

« François Chauveau... Tête de veau! »

Et François, sans se démonter, regarda le Pierre Soulard dans les yeux et répondit:

« Pierre Soulard... Tête de lard!!! »

« Ah, nom de Guieu! », Pierre Soulard n'en revenait pas: François avait de la répartie à présent! Il s'empressa de colporter la nouvelle dans tout le bourg. Et, en effet, depuis que François était devenu plus intelligent, il pouvait clouer le bec à son prochain et ne s'en privait pas. Il participait aux discussions; il osa entrer au bistrot et participer aux parties de manille... mais, après tant d'années d'humiliation, il se sentait toujours un peu frustré. Alors il décida de retourner dans sa clairière.

Il appela... et le génie réapparut devant lui; même allure, même tenue:

« Qu'y a-t-il François? N'es-tu pas satisfait de ton nouveau sort?

– Si, si, fit François, mais voélà...si o l'est pas trop vous demander...jh'aimerais bin êt' encore jhuste un tout p'tit peu pus intellighent... peur me fére une piace, dans le monde...

– Attention François, ne soit pas trop gourmand. Mais enfin, chose promise, chose due; c'est entendu, je veux bien à nouveau exaucer ton vœu. »

Du bout de sa baguette, le génie effleura le pompon qui culminait au sommet de la casquette de François et ce dernier se sentit grandir encore de quelques centimètres supplémentaires.

La première personne qu'il vit ensuite fut son autre voisin: le père Ploquin, dans son jardin, entrain de planter des choux:

« Ah, Monsieur Ploquin, avec le temps qu'on a et la lune qui nous arrive, à votre place, au lieu de planter des choux, je planterais des aubergines... »

« Bon sang! », François donnait des conseils à présent!... Et qui plus est, des conseils pour tous et sur tout: au pâtissier pour une

lundi 12	mardi 13	mercredi 14	jeudi 15
lever 08 h 34, coucher 17 h 11, - 1	*lever 08 h 35, coucher 17 h 11, - 1*	*lever 08 h 36, coucher 17 h 11, - 1*	*lever 08 h 37, coucher 17 h 12, + 0*
Chantal, Corentin	**Lucie**	**Odile**	**Ninon**

· DICTON · *Neige avant Noël, fumier pour le seigle.*

recette nouvelle, au garagiste pour une panne indécelable, à l'instituteur pour un problème de robinetterie insoluble... Il abandonna son métier de fagotier car il se faisait rémunérer pour ses conseils, et il devint bientôt un « notable » au village.

Cependant François Chauveau demeurait insatisfait. Il ne pouvait s'empêcher de penser à l'autre, là-bas, dans la forêt.... Et il rêvait à d'autres horizons... Si bien qu'un jour, n'y tenant plus, il reprit le chemin forestier... Le génie était encore au rendez-vous, assis sur une souche... à peine surpris :

« Tiens, Monsieur Chauveau... Quel bon vent ?...

– Eh bien, dit François dans un français châtié, je tiens à vous exprimer ma gratitude pour m'avoir rendu assez intelligent ; on parle à présent de moi pour une candidature aux prochaines élections.... J'hésite ; je ne me sens pas encore les épaules assez larges, les reins assez solides, alors...

– Alors ?...

– Alors, si vous aviez la bonté de me rendre encore juste un tantinet plus intelligent, il me semble que cela m'aiderait beaucoup.

– Ah, François, tu sais que « le mieux est l'ennemi du bien ». Je crains que tu ne puisses assumer ce surcroît d'intelligence.

– Oh, je vous jure que je suis prêt à assumer tout... S'il vous plaît...

– François, la surprise sera terrible. Je ne sais si tu pourras supporter le choc...

– Je vous jure que je suis prêt à supporter le plus grand des chocs.

– Alors, puisque tu y tiens tant, assume François ! »

Pour la troisième fois, le génie sortit sa baguette d'argent et toucha le sommet du chapeau de François... Et François Chauveau devint une femme !!!

Le matin de Noël, le petit Kevin avait ouvert une partie des innombrables cadeaux qui recouvraient ses chaussons en un monticule multicolore. Saturé, il gardait le reste pour plus tard.

Son grand-père Alfred observait la scène d'un œil à la fois ironique et dubitatif. Comme il ignorait à quelle heure on allait passer à table, il prétexta une course urgente pour s'évader un moment du cercle familial et aller boire son traditionnel « blanc limé » au café de la poste où l'attendait son vieux pote Henri. La conversation porta bien entendu sur les Noëls actuels et sur ceux d'antan :

« Les drôles sont trop gâtés anneu, dit Alfred, de mon temps, peur la Nau, jh'avions rin.

– Oué, répondit Henri, et o l'était déjhà un biâ cadeau !

lever 08 h 37
coucher 17 h 12, + 0

vendredi 16

Alice

lever 08 h 38
coucher 17 h 12, + 0

samedi 17

Judicaël, Gaël

lever 08 h 39
coucher 17 h 13, + 0

dimanche 18

Gatien

· DICTON · *Le 21 décembre, les femmes parlent moins que les autres jours : c'est le plus court de l'an.*

RECETTE

La recette de Monique L : Les bredeles alsaciens

Battre 250g de sucre et 3 œufs jusqu'à ce que le mélange blanchisse.
Ajouter 250g de beurre fondu, 250g d'amandes ou noisettes pilées, 1 c à café de cannelle, ½ jus de citron et son zeste, 500 g de farine.

Laisser reposer la pâte plusieurs heures au frais.
La pétrir un peu et l'étendre sur 2 à 3 mm d'épaisseur,
Y découper des formes. Les badigeonner avec un œuf battu et les saupoudrer d'un mélange de sucre et de cannelle.
Cuire au four moyen (180°) 20 mn.
La tradition des bredeles (petits pains) pourrait remonter aux Celtes et aux Romains qui offraient aux dieux des gâteaux au miel.

Les crèches

Les premières crèches ressemblant à celles que nous connaissons font leur apparition dans les églises au XVIe siècle. Les personnages remplacent les acteurs des crèches vivantes jouées au Moyen-âge.
Les santons de Provence sont de petites figurines en argile, très colorées, représentant, dans la crèche de Noël, la scène de la nativité ainsi que toute une série de petits personnages, figurant les habitants d'un village provençal et leurs métiers traditionnels.
Le véritable santon de Provence, en argile non cuite, a été créé à Marseille par Jean-Louis Lagnel à la fin du XVIIIe siècle.

La bûche de Noël

Autrefois, alors que la famille était réunie pour la veillée de Noël, un peu avant la messe de minuit, on allumait dans l'âtre une très grosse bûche, préalablement bénie, provenant de préférence d'un arbre fruitier. Une fois consumée, on en recueillait les cendres qui avaient le pouvoir – entre autres – de protéger la maison contre l'orage.
Quant à la bûche de Noël pâtissière, un chocolatier parisien l'aurait créée en 1834.

lever 08 h 39
coucher 17 h 13, + 0

lundi 19

Urbain

lever 08 h 40
coucher 17 h 14, + 0

mardi 20

Théophile

lever 08 h 40
coucher 17 h 14, + 0

mercredi 21

HIVER
Pierre Canisius

lever 08 h 41
coucher 17 h 15, + 0

jeudi 22

Françoise-Xavière

Noël

C'est à partir du IIIe siècle que certaines communautés chrétiennes cherchent à situer dans l'année la date de naissance de Jésus. Avant de la placer à la date d'une célébration solaire liée au solstice d'hiver, de nombreuses dates furent proposées. Le 25 décembre marquait depuis Aurélien (v.270) l'anniversaire du Sol Invictus et de la renaissance annuelle de Mithra. Pour des raisons symboliques, et dans un souci de christianiser les anciennes fêtes païennes, cette date fut progressivement étendue à tout l'Occident latin.

Un dicton poitevin assure qu'une nuit de Noël sans lune fait une année à prunes. Ce serait le Bon Dieu qui, durant cette nuit, distribue les bourgeons à fruits sur les pruniers. Et, lorsqu'il n'y a pas de lune, il les jette à l'aveuglette et en grande quantité sur les arbres. Et, dans son infinie clémence, il ajoute : « il vaut mieux en mettre trop que pas assez ».

RECETTE

La recette de Monique S : Saucisson au chocolat

200g de chocolat
200g de beurre
1 œuf
1 paquet de galettes bretonnes
10 chamallows
100g de sucre glace

Faire fondre le chocolat et le beurre au bain-marie
Mettre dans un récipient et ajouter l'œuf et le sucre glace
Couper les biscuits et les chamallows en petits morceaux puis les incorporer. Mélanger le tout
Étaler sur du film étirable et de l'aluminium
Enrouler pour former un saucisson
Mettre au réfrigérateur pendant 6 heures
Puis déguster !

Le SCHLUMBERGERA ou cactus de Noël

Feuilles plates et fleurs colorées, le cactus de Noël est une plante rustique, idéale pour égayer les intérieurs. Il se plaît entre 10 et 20°C. On l'arrose une fois par semaine. Il apprécie la lumière sans exposition directe au soleil.

lever 08 h 41
coucher 17 h 15, + 0

vendredi 23
Armand

lever 08 h 41
coucher 17 h 16, + 0

samedi 24
Adèle

lever 08 h 42
coucher 17 h 17, + 0

dimanche 25
NOËL

SEMAINE 51

décembre
2022

À vous de jouer ! À VOUS DE JOUER ! À vous de joue

CARTE DU CIEL

LE CIEL VISIBLE VERS LE 15 DÉCEMBRE À MINUIT

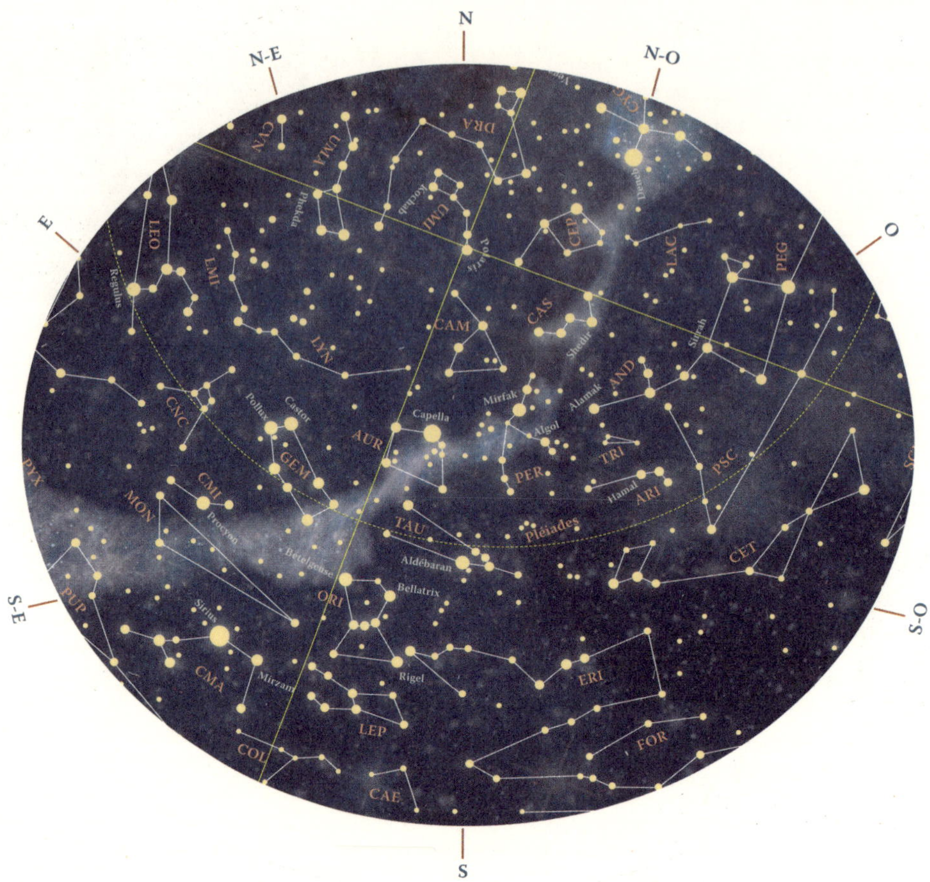

Ce mois-ci, vous en apprendrez plus sur les constellations de la Licorne, du Grand Chien, du Lynx, du Cancer et de la Lyre.

lever 08 h 42
coucher 17 h 17, + 1

lundi 26

Étienne

lever 08 h 42
coucher 17 h 18, + 1

mardi 27

Jean

lever 08 h 42
coucher 17 h 19, + 1

mercredi 28

Innocents

lever 08 h 42
coucher 17 h 20, + 1

jeudi 29

David

À VOUS DE JOUER ! *À vous de jouer !* À VOUS DE JOUER !

MOTS FLÉCHÉS

1 2 3 4 5 6 7 8

- A ENRICHI CHENONCEAU « DIANE... »
- À VOIR À RIVAU « ... DE PARADIS »
- CHALLENGE
- LICENCIE
- FIERTÉ
- HABILETÉS
- GUETTER
- FAMILLE QUI POSSÉDAIT LE CHÂTEAU DE LANGEAIS
- OXYGÈNE
- NEZ
- GRANDE QUANTITÉ
- CHOISIS
- RIA
- REINE ÉGYPTIENNE
- NATION
- FIN DE PARTIE
- ANCIEN DO
- GRANDE OUVERTE
- REVOIT
- DIEU SOLAIRE
- À ENTENDRE AU CHÂTEAU DE CANDÉ
- ANCIEN
- SUPPORT DE GOLF
- VENTILA
- RÉPÉTA
- VÉRITABLE
- RONGEUR
- ATOME
- SUPPORT DE FLEUR
- DRAME JAPONAIS
- APPRIS
- ORGANE FILTREUR
- HABITUDES
- GRAND ANIMAL
- UN DES JEUX DE LA PAGODE AU CHÂTEAU CHANTELOUP

Mes notes

lever 08 h 42
coucher 17 h 21, + 1

vendredi 30

Roger

lever 08 h 42
coucher 17 h 22, + 1

samedi 31

Sylvestre

lever 08 h 42
coucher 17 h 23, + 1

dimanche 1er

JOUR DE L'AN

SEMAINE 52

***décembre* 2022 - *janvier* 2023**

3	9	8	2	7	5	1	6	4
6	7	1	3	9	4	2	5	8
4	2	5	8	1	6	3	9	7
5	8	6	1	2	3	7	4	9
7	3	4	9	6	8	5	2	1
9	1	2	4	5	7	6	8	3
1	5	9	7	8	2	4	3	6
2	4	7	6	3	9	8	1	5
8	6	3	5	4	1	9	7	2

Semaine 4

7	2	9	1	5	3	4	8	6
5	8	1	4	6	2	7	3	9
6	4	3	8	9	7	2	1	5
2	5	7	3	4	9	8	6	1
1	6	4	5	2	8	3	9	7
9	3	8	7	1	6	5	4	2
8	9	5	2	3	1	6	7	4
3	1	2	6	7	4	9	5	8
4	7	6	9	7	5	1	2	3

Semaine 4

3	7	5	2	9	8	1	6	4
1	6	8	7	5	4	3	2	9
4	9	2	1	3	6	8	7	5
9	8	4	5	1	2	6	3	7
2	3	7	4	6	9	5	1	8
6	5	1	8	7	3	4	9	2
8	1	3	9	2	5	7	4	6
7	4	9	6	8	1	2	5	3
5	2	6	3	4	7	9	8	1

Semaine 4

6	2	7	4	3	5	8	1	9
4	1	9	7	8	2	3	6	5
8	3	5	1	9	6	4	2	7
3	6	1	2	7	8	9	5	4
7	5	4	9	1	3	2	8	6
2	9	8	6	5	4	7	3	1
1	4	3	8	6	9	5	7	2
9	8	6	5	2	7	1	4	3
5	7	2	3	4	1	6	9	8

Semaine 4

4	6	5	1	3	9	8	7	2
7	1	8	2	4	6	9	5	3
2	3	9	8	5	7	6	4	1
9	7	2	4	6	3	5	1	8
6	5	3	7	8	1	4	2	9
1	8	4	9	2	5	7	3	6
8	2	6	5	1	4	3	9	7
3	4	7	6	9	2	1	8	5
5	9	1	3	7	8	2	6	4

Semaine 13

9	8	2	1	6	3	5	7	4
3	4	7	5	9	2	8	1	6
5	1	6	7	8	4	2	9	3
7	2	3	4	5	9	6	8	1
8	6	5	3	7	1	4	2	9
1	9	4	6	2	8	7	3	5
4		9	2	1	6	3	5	8
6	5	8	9	3	7	1	4	2
2	3	1	8	4	5	9	6	7

Semaine 13

8	1	5	7	6	9	3	2	4
7	9	4	8	2	3	6	5	1
3	2	6	5	4	1	7	9	8
9	7	8	3	5	4	2	1	6
5	6	3	1	8	2	9	4	7
2	4	1	9	7	6	8	3	5
4	3	2	6	1	7	5	8	9
6	5	9	4	3	8	1	7	2
1	8	7	2	9	5	4	6	3

Semaine 13

4	7	9	6	3	2	5	1	8
6	3	1	5	4	8	9	2	7
2	8	5	7	9	1	6	3	4
1	5	4	8	2	7	3	6	9
7	9	2	1	6	3	4	8	5
8	6	3	9	5	4	1	7	2
5	2	6	3	8	9	7	4	1
9	1	8	4	7	6	2	5	3
3	4	7	2	1	5	8	9	6

Semaine 13

5	8	4	9	1	2	7	3	6
3	2	9	6	7	5	4	8	1
6	7	1	4	3	8	5	2	9
9	5	2	7	4	3	1	6	8
8	4	3	1	5	6	9	7	2
1	6	7	2	8	9	3	5	4
7	9	6	3	2	4	8	1	5
4	3	8	5	6	1	2	9	7
2	1	5	8	9	7	6	4	3

Semaine 21

3	8	1	4	9	6	2	7	5
9	2	6	3	7	5	1	4	8
7	5	4	2	8	1	6	3	9
1	7	5	6	4	8	3	9	2
8	4	9	7	2	3	5	6	1
6	3	2	1	5	9	4	8	7
2	9	3	5	6	7	8	1	4
4	6	8	9	1	2	7	5	3
5	1	7	8	3	4	9	2	6

Semaine 21

8	5	4	7	2	3	9	6	1
9	2	1	5	8	6	3	7	4
6	3	7	1	9	4	5	2	8
5	9	2	3	4	1	7	8	6
7	1	8	2	6	9	4	5	3
4	6	3	8	7	5	1	9	2
3	7	6	4	5	8	2	1	9
2	4	9	6	1	7	8	3	5
1	8	5	9	3	2	6	4	7

Semaine 21

2	1	9	7	8	4	3	5	6
7	5	3	9	6	1	4	8	2
8	4	6	3	2	5	1	9	7
5	2	1	6	7	9	8	4	3
9	8	7	4	5	3	6	2	1
3	6	4	2	1	8	9	7	5
4	7	5	1	9	6	2	3	8
6	9	2	8	3	7	5	1	4
1	3	8	5	4	2	7	6	9

Semaine 21

3	1	8	7	9	4	5	2	6
4	7	5	1	2	6	9	8	3
9	2	6	3	5	8	1	4	7
8	4	2	5	6	9	3	7	1
5	3	1	4	7	2	6	9	8
6	9	7	8	1	3	4	5	2
7	6	4	9	8	1	2	3	5
2	5	3	6	4	7	8	1	9
1	8	9	2	3	5	7	6	4

Semaine 30

9	1	7	6	4	2	8	3	5
8	6	4	3	9	5	2	7	1
2	3	5	8	1	7	9	4	6
5	2	3	4	8	6	1	9	7
1	7	6	9	2	3	5	8	4
4	8	9	5	7	1	6	2	3
3	5	8	2	6	4	7	1	9
7	4	2	1	5	9	3	6	8
6	9	1	7	3	8	4	5	2

Semaine 30

5	9	7	3	6	8	1	2	4
1	4	6	7	2	5	9	8	3
3	2	8	4	1	9	6	5	7
2	5	3	6	8	7	4	1	9
4	6	9	1	5	3	2	7	8
7	8	1	2	9	4	5	3	6
9	7	5	8	4	2	3	6	1
6	3	2	9	7	1	8	4	5
8	1	4	5	3	6	7	9	2

Semaine 30

5	6	7	4	9	8	2	3	1
3	1	4	5	2	7	8	6	9
8	2	9	1	3	6	4	5	7
6	7	1	9	8	5	3	4	2
9	4	8	2	7	3	6	1	5
2	3	5	6	4	1	9	7	8
7	8	2	3	1	4	5	9	6
4	9	6	7	5	2	1	8	3
1	5	3	8	6	9	7	2	4

Semaine 30

5	6	4	7	1	2	8	9	3
2	8	3	5	4	9	7	6	1
9	1	7	3	6	8	5	4	2
7	9	8	6	3	4	2	1	5
3	4	2	8	5	1	9	7	6
1	5	6	2	9	7	3	8	4
4	3	5	9	7	6	1	2	8
8	7	1	4	2	3	6	5	9
6	2	9	1	8	5	4	3	7

Semaine 39

8	7	9	3	5	6	1	2	4
3	6	2	4	1	9	5	8	7
1	5	4	8	2	7	9	3	6
4	2	8	9	7	5	3	6	1
6	9	1	2	4	3	7	5	8
7	3	5	1	6	8	2	4	9
9	4	3	7	8	2	6	1	5
5	8	7	6	3	1	4	9	2
2	1	6	5	9	4	8	7	3

Semaine 39

9	4	1	6	2	7	8	5	3
3	2	8	5	4	1	7	9	6
6	5	7	9	3	8	2	4	1
8	6	4	3	7	9	1	2	5
1	7	3	2	6	5	9	8	4
5	9	2	8	1	4	6	3	7
2	8	6	1	5	3	4	7	9
7	1	5	4	9	2	3	6	8
4	3	9	7	8	6	5	1	2

Semaine 39

3	5	8	7	6	1	4	2	9
6	2	9	3	8	4	5	7	1
1	4	7	2	9	5	6	8	3
7	9	4	8	5	3	1	6	2
8	1	6	9	2	7	3	4	5
2	3	5	1	4	6	8	9	7
9	7	3	6	1	8	2	5	4
5	6	2	4	3	9	7	1	8
4	8	1	5	7	2	9	3	6

Semaine 39

5	1	2	9	3	6	4	7	8
9	4	6	8	1	7	2	3	5
8	7	3	5	4	2	1	9	6
1	8	5	3	7	4	6	2	9
4	3	9	6	2	8	7	5	1
2	6	7	1	5	9	3	8	4
3	9	8	2	6	1	5	4	7
6	2	4	7	9	5	8	1	3
7	5	1	4	8	3	9	6	2

Semaine 48

7	1	9	6	2	8	4	3	5
4	3	8	7	5	1	2	9	6
6	2	5	9	4	3	7	8	1
8	9	3	5	6	7	1	2	4
5	6	4	2	1	9	8	7	3
1	7	2	8	3	4	6	5	9
3	8	6	4	9	2	5	1	7
9	5	7	1	8	6	3	4	2
2	4	1	3	7	5	9	6	8

Semaine 48

7	8	9	2	3	4	6	5	1
6	4	5	1	9	7	2	3	8
1	3	2	8	5	6	4	7	9
2	9	4	6	8	3	5	1	7
3	7	1	4	2	5	8	9	6
8	5	6	9	7	1	3	4	2
4	6	7	3	1	8	9	2	5
9	1	3	5	6	2	7	8	4
5	2	8	7	4	9	1	6	3

Semaine 48

5	6	2	8	4	9	7	3	1
7	8	1	3	6	2	5	9	4
3	4	9	1	5	7	8	6	2
9	3	8	4	1	5	2	7	6
1	2	6	7	9	8	4	5	3
4	5	7	6	2	3	9	1	8
8	7	4	5	3	1	6	2	9
2	1	5	9	8	6	3	4	7
6	9	3	2	7	4	1	8	5

Semaine 48

■	L	■	A	■	U	■	D	■	H
B	A	N	D	E	N	O	I	R	E
■	P	O	R	C	■	L	E	O	N
M	A	T	O	U	S	■	T	I	R
■	G	A	I	■	A	G	E	■	I
N	O	■	T	A	R	A	■	M	I
■	D	O	■	S	I	G	N	A	I
B	E	R	N	I	N	■	I	L	■
■	■	A	I	L	■	R	A	T	E
V	I	L	L	E	Q	U	I	E	R

E C H A U G U E

Semaine 8

■	G	■	E	■	G	■	B	■	A
P	R	E	S	S	O	I	R	■	M
■	A	S	T	I	■	N	A	N	A
A	N	T	I	■	C	A	I	E	U
■	D	A	M	E	S	■	R	E	R
O	H	■	A	T	■	T	E	■	Y
■	O	N	■	A	M	E	■	O	P
A	M	I	E	■	A	L	I	C	E
■	M	E	R	C	I	■	I	R	A
P	E	R	G	O	L	A	■	E	U

C H A M B O R D

Semaine 17

■	P	■	A	■	I	■	S	■	L
V	I	L	L	E	N	E	U	V	E
■	G	E	L	S	■	P	A	I	R
Y	E	T	I	■	B	I	N	A	I
■	O	■	A	R	R	E	T	■	V
O	N	T	■	E	U	■	E	T	A
■	N	A	R	R	E	R	■	R	U
D	I	N	E	■	L	E	S	A	■
■	E	T	E	S	■	V	A	I	S
O	R	■	R	A	M	E	T	T	E

G A S V I L L E

Semaine 26

■	M	■	R	■	L	■	G	■	D
F	O	R	E	S	T	I	E	R	E
■	N	A	N	A	■	P	R	E	■
E	T	I	O	N	S	■	M	E	R
■	R	N	■	G	O	B	E	R	A
C	I	E	L	■	I	R	■	A	N
■	O	■	E	R	R	E	R	■	J
G	U	I	S	E	■	B	A	S	A
■	■	R	E	A	L	I	S	E	R
C	H	A	R	L	E	S	■	N	D

L A J A I L L E

Semaine 35

■	C	■	E	■	F	■	A	■	L
C	H	A	T	E	A	U	X	■	I
■	E	P	I	S	■	R	E	N	O
U	N	I	R	■	V	E	N	I	N
■	O	■	A	R	A	■	T	E	E
A	N	A	■	E	L	U	■	E	L
■	C	I	B	L	E	R	A	■	M
B	E	N	O	I	T	■	S	T	O
■	A	E	R	E	■	O	T	A	N
P	U	■	D	E	L	O	I	S	Y

L O U I S X I I

Semaine 43

■	D	■	D	■	E	■	A	■	M
L	E	V	E	R	G	E	R	■	O
■	P	I	F	■	O	P	T	A	I
N	O	R	I	A	■	I	S	I	S
■	I	E	■	B	E	E	■	R	A
U	T	■	R	E	T	R	O	■	N
■	I	T	E	R	A	■	R	A	T
R	E	E	L	■	T	I	G	E	■
■	R	E	I	N	■	O	U	R	S
U	S	■	T	O	N	N	E	A	U

L A N G U A G E

Semaine 52

Crédits images

Semaine 52, page de gauche: Blason Charente, Wikipédia.
Semaine 2, page de droite: Coquillage par OpenClipart-Vectors, Pixabay.
Semaine 3, page de gauche: Lait par OpenClipart-Vectors, Pixabay.
Semaine 3, page de droite: Tombe par OpenClipart-Vectors, Pixabay.
Semaine 5, page de gauche: Fille avec chaussure par OpenClipart-Vectors, Pixabay & Prunes par Clker-Free-Vector-Images, Pixabay.
Semaine 12, page de droite: Barque par OpenClipart-Vectors, Pixabay.
Semaine 13, page de gauche: Tour OpenClipart-Vectors, Pixabay.
Semaine 13, page de droite: Vache par Cliker-Free-Vector-Images, Pixabay.
Semaine 14, page de droite: Panier de pain et brioches par Momentnal, Pixabay.
Semaine 15, page de gauche: Arbre par OpenClipart-Vectors, Pixabay.
Semaine 16, page de gauche: Femme qui pleure par b0red, Pixabay.
Semaine 19, page de gauche: Reproduction du Château de La Force, Pavillon des Recettes, Blason © A.R.A.H.
Semaine 19, page de droite: Coco Chanel CC BY-SA 4.0: Justine Picardie, via Wikimedia Commons
Semaine 20, page de gauche: Mère Teresa CC BY-SA 4.0: Manfredo Ferrari, via Wikimedia Commons; Greta Thunberg CC-BY-4.0: © European Union 2020 – Source: EP; **page de droite:** Anne Frank CC BY-SA 4.0: Sociabletraveler1403, via Wikimedia Commons
Semaine 22, page de gauche: Kiosque à musique © A.R.A.H.
Semaine 22, page de droite: Rosa Parks CC BY-SA 2.0: John Mathew Smith & www.celebrity-photos.com, via Wikimedia Commons; Momument aux morts © A.R.A.H.
Semaine 23, page de gauche: Malala Yousafzai CC BY 2.0: DFID - UK Department for International Development, via Wikimedia Commons
Semaine 24, page de droite: Escargot par OpenClipart-Vectors, Pixabay.
Semaine 25, page de gauche: Pile de livres par Clker-Free-Vector-Images, Pixabay.
Semaine 25, page de droite: Chien par Jose R. Cabello, Pixabay. & Vélo par OpenClipart-Vectors, Pixabay.
Semaine 26, page de droite: Chaussures par OpenClipart-Vectors, Pixabay, Enfance par Clker-Free-Vector-Images, Pixabay & Religieuse par Clker-Free-Vector-Images, Pixabay.
Semaine 27, page de gauche: Rat par Clker-Free-Vector-Images, Pixaybay & Souris par Clker-Free-Vector-Images, Pixabay.
Semaine 27, page de droite: Bougie par Clker-Free-Vecto-Images, Pixabay.
Semaine 28, page de gauche: Set de nettoyage par Clker-Free-Vector-Images, Pixabay.
Semaine 28, page de droite: Journal par OpenClipart-Vectors, Pixabay.
Semaine 29, page de droite: Wangari Maathai CC BY-SA 2.0: Kingkongphoto & www.celebrity-photos.com from Laurel Maryland, USA, via Wikimedia Commons
Semaine 31, page de droite: Logo EV3: Ensemble, Vivre et Vieillir au Village © EV3
Semaine 35, page de droite: Huître par Jean Louis Tosque, Pixabay.
Semaine 36, page de gauche: Lampion par OpenClipart-Vectors, Pixabay & Projecteur par OpenClipart-Vectors, Pixabay.
Semaine 36, page de droite: Bouteille par OpenClipart-Vectors, Pixabay.
Semaine 37, page de gauche: Raisins par congerdesign, Pixabay.
Semaine 40, page de droite: Adam et Eve par Wikilmages, Pixabay.
Semaine 41, page de gauche: Bouteille de vin par isuru prabath, Pixabay & Tombe par OpenClipart-Vectors, Pixabay.
Semaine 42, page de gauche: Billie Jean King CC BY-SA 4.0: Lynn Gilbert, via Wikimedia Commons
Semaine 44, page de droite: Marie Curie CC BY-SA 4.0: Unknown author, via Wikimedia Commons; Jeu grenouille CC BY-SA 3.0: Jamain, via Wikimedia Commons; Skittle Table CC BY-SA 3.0: David Monniaux, via Wikimedia Commons
Semaine 45, page de droite: Brigitte Bardot CC BY-SA 3.0: Michel Bernanau (grand père de Oolong06400 ref), via Wikimedia Commons
Semaine 47, page de gauche: Gisele Halimi CC BY 2.5: Marie-Lan Nguyen (User: Jastrow), via Wikimedia Commons; **page de droite:** Olympe de Gouges CC BY-SA 4.0: G.Garitan, via Wikimedia Commons
Semaine 48, page de gauche: Radio par OpenClipart-Vectors, Pixabay.
Semaine 50, page de droite: Cadeaux par Arek Socha, Pixabay.

L'almanach s'inscrit dans une tradition populaire qui appelle à se transmettre. Les textes qui vous accompagnent cette année sont issus d'une collecte et regroupent de nombreux extraits qui participent à la mémoire de chacun. Chaque terroir a son histoire, ses anecdotes, ses dictons, ou ses lieux oubliés… Si vous voulez participer à notre aventure, parler de votre village, de votre commune, envoyez-nous vos textes pour l'année prochaine !
Écrivez à :

LA GESTE
11, rue Norman-Borlaug
79260 La Crèche

05 49 05 37 22

contact@gesteditions.com

www.gesteditions.com

IMPRIM'VERT®

Par ce logo, nous témoignons d'une volonté de réduire les impacts environnementaux liés aux activités de l'imprimerie. Nous choisissons un imprimeur impliqué dans la réduction des gaz à effet de serre. Le choix de nos papiers assure que la production a été faite à partir d'un produit à base de bois et a suivi le cahier des charges d'une gestion durable des forêts européennes.
Achevé d'imprimer chez Roto en Union européenne en juin 2021.

Création graphique : Laurent Morin et les Ateliers Geste
Création couverture : l'Atelier sur la colline
Mise en pages : Florence Dioni

Dépôt légal premier semestre 2021